LEGITIMIDAD DE LOS NUEVOS PARADIGMAS TRIBUTARIOS INTERNACIONALES

Francisco Alfredo García Prats

MINISTERIO DE HACIENDA
INSTITUTO DE ESTUDIOS FISCALES
Madrid, 2025

Diseño de portada: Miguel Ángel Aguilar Martín (IEF)

Catálogo de publicaciones de la Administración General del Estado: https://cpage.mpr.gob.es

Depósito Legal: M-8177-2025
I.S.B.N.: 978-84-8008-432-1
N.I.P.O.: 228-25-002-1

Edita: Instituto de Estudios Fiscales
        Avda. Cardenal Herrera Oria, 378
        C. P. 28025 Madrid (España)
        Tel.: 91 339 89 02 - Fax: 91 339 89 68
        www.ief.es
Maquetación e impresión: Dagaz Gráfica, s.l.u.

ÍNDICE

CAPÍTULO 1

LA INADECUACIÓN DE LOS PARADIGMAS Y ESTÁNDARES TRIBUTARIOS INTERNACIONALES TRADICIONALES

1.   Con la entrada del siglo XXI, los esquemas, normas y asunciones que permitieron el desarrollo de la fiscalidad internacional durante el siglo XX mostraron una evidente inadecuación para hacer frente a los retos que se derivaban de la nueva realidad económica.

2.   La globalización económica puso de manifiesto la incapacidad de los Estados para afrontar las exigencias de la distribución justa de la carga tributaria de forma unilateral. A su vez, quedaba en entredicho que el enfoque bilateral supranacional fuera el adecuado para abordar los retos a los que debían enfrentarse derivados de la interacción de las normas tributarias. A pesar de que los Convenios de doble imposición se encuentren basados cada vez más en un consenso internacional subyacente, ni la forma de reconducir la singularidad de cada relación bilateral, ni el modo de expresar el consenso —o el disenso— internacional sobre determinadas materias (mediante el derecho en agraz, o *soft law*), ni el contenido de las propuestas, ni la respuesta que ofrecían, lograban satisfacer las exigencias, incrementadas con la crisis económica, de un mayor esfuerzo fiscal por parte de los contribuyentes y una correcta distribución de la carga tributaria entre los mismos.

3.   La crisis económica generó un consenso implícito —posteriormente explicitado— sobre la necesidad de actualización y superación de los esquemas tributarios internacionales para hacer frente a las estrategias de planificación fiscal internacional que desarrollaban determinados contribuyentes, en especial los de mayor capacidad económica, tanto las personas físicas con inversiones financieras transfronterizas como, particularmente, las empresas multinacionales. Pronto se alcanzó un consenso internacional sobre la inadecuación de dichos esquemas y estándares para hacer frente a esta realidad, para lo que se propuso un reforzamiento de las normas y facultades administrativas en materia tributaria que posibilitaran un incremento de la recaudación sobre estos grupos de contribuyentes.

4.   Como se puso de manifiesto, las empresas multinacionales conseguían esquivar los mecanismos tributarios de protección de bases imponibles incorporados por diferentes países, aprovechando por un lado las divergencias y falta de simetría de los sistemas tributarios, y por otro, utilizando la red de convenios de las diferentes jurisdicciones en función de su conveniencia y beneficios que podían generar. Se constataba, de este

modo, que los Convenios de doble imposición, pese a su carácter bilateral, eran un *treaty with the world*.

5.   A su vez, el desarrollo tecnológico y económico posibilitaba nuevos modelos de negocio y estructuras de inversión que permitían la superación de los requisitos que los estándares tributarios exigían para el ejercicio del gravamen sobre los beneficios empresariales transnacionales. Ante la profunda inmaterialización del proceso de generación de valor económico, los esquemas y principios tributarios que basaron el desarrollo de los sistemas tributarios en el siglo XX resultaban inadecuados para exigir la carga tributaria a los diferentes operadores económicos y asegurar, a su vez, una correcta asignación inter-jurisdiccional de rentas y de potestades tributarias.

6.   Desde otra perspectiva, se ha puesto de manifiesto como la arquitectura tributaria internacional construida a partir de convenios bilaterales internacionales prevista inicialmente para otorgar seguridad jurídica, no proporcionaba herramientas adecuadas para acometer la necesaria actualización de sus contenidos a una realidad cambiante y que exigía respuestas más inmediatas por parte del legislador tributario que lo que permitía una renegociación convencional costosa, incierta y probablemente parcial. La actualización de los Convenios de doble imposición por la puerta de atrás[1] por la vía de la actualización de los Comentarios a los Modelos de Convenio no siempre garantiza una adaptación suficientemente efectiva de la cambiante normativa tributaria de los otros Estados contratantes y de los modelos de negocio para mantener el equilibrio inter-jurisdiccional y la correcta asignación de la carga tributaria entre los contribuyentes sometidos a las normas tributarias convencionales o beneficiarios de las mismas. El reconocimiento de los efectos jurídicos del derecho en agraz es, además, dispar en cada jurisdicción, por lo que resultaba conveniente buscar respuestas y soluciones normativas internacionales con un mayor grado de coordinación y eficacia.

7.   En atención al contenido de las normas tributarias internacionales, los Convenios de doble imposición necesitaban –y siguen necesitando– mecanismos que actualicen los criterios de distribución de la competencia tributaria y de la asignación inter-jurisdiccional de rentas. Los operadores económicos transfronterizos no analizan la viabilidad de sus propuestas inversoras con la finalidad de garantizar la eliminación de la doble imposición internacional –jurídica–, sino de reducir la carga tributaria global. Se requiere, por tanto, una ampliación de objetivos a perseguir por la normativa tributaria internacional, que incorpore nuevos objetivos tendentes a asegurar una asignación jurisdiccional del gravamen equitativa –garantizar que el gravamen se realice allí donde se realizan las actividades y se genera valor–, cuando no de asegurar una tributación efectiva, mínima, de determinados contribuyentes y manifestaciones de capacidad económica. Al ampliar los objetivos asignados a las respuestas supranacionales se superan los objetivos tradicionales e iniciales de eliminación de la doble

---

[1]   En expresión de MARTÍN JIMÉNEZ, A., «Los comentarios al MCOCDE: su incidencia en el sistema de fuentes del derecho tributario y sobre los derechos de los contribuyentes», *Carta Tributaria,* 20/2003, págs. 1-19.

imposición jurídica internacional –en primer lugar– o de evitar la evasión fiscal internacional –*a posteriori*–.

8. La nueva realidad económica y los nuevos modelos de negocio aconsejan ajustar y adecuar los criterios de asignación y reconocimiento de la competencia tributaria a nivel internacional. Seguir exigiendo una presencia física –continuada– o el mantenimiento de relaciones personales comerciales dependientes y estables para asignar el gravamen de la renta de los contribuyentes –empresas– no residentes, supone desconocer el mundo de los negocios digitales en los que la presencia física desaparece como elemento implícito y necesario para el desarrollo del negocio. Mantener dicha exigencia para atribuir la competencia tributaria no sólo se ve superado por la realidad económica circundante, sino que enfrenta a los operadores económicos a reglas tributarias que distorsionan la competencia y ofrecen una respuesta discriminatoria a los operadores económicos en función de los canales de distribución o el modelo de negocio utilizado.

9. Finalmente, la dicotomía residencia-fuente sobre la que se articulaba por un lado los modelos de gravamen sobre la renta, y por otro, el reconocimiento y asignación jurisdiccional de las competencias tributarias y de los compromisos para eliminar los elementos tributarios distorsionantes, como la doble imposición internacional- se ve superada por la realidad tanto económica como jurídica y exige un replanteamiento de sus postulados. La imposibilidad de gravar a contribuyentes no residentes por rentas no originadas en la jurisdicción, con fundamento último en la vinculación territorial y personal del gravamen se vio superada inicialmente por reglas con finalidad anti-elusiva y anti-diferimiento, las denominadas reglas CFC o de transparencia fiscal internacional, aunque manteniendo un criterio de atribución personal que seguía respetando los criterios tradicionales de asignación personal y territorial de rentas. La transformación económica desde una economía del ladrillo hasta una economía de las ideas, inmaterial, permite localizar con facilidad la fuente generadora de rentas en determinadas jurisdicciones con menor impacto fiscal. Al mismo tiempo, permite vehiculizar los flujos de rentas con dicha finalidad. Pero incluso en sede de personas físicas, con el desarrollo del teletrabajo, la residencia fiscal no aparece necesariamente vinculada y condicionada al lugar principal de desarrollo de la actividad económica, sino que la decisión de establecer vínculos territoriales con una jurisdicción aparece desvinculada del lugar de residencia del pagador, lo que obliga a replantear el concepto y la función atribuida a las categorías tradicionales como residencia y fuente.

10. Finalmente, la crisis económica y financiera de principios de siglo ha obligado a replantear algunos de los presupuestos sobre los que se asentaba el ejercicio del poder tributario de Estados y otras jurisdicciones internacionales en busca de recursos tributarios con los que hacer frente a las necesidades de financiación pública. Dicho replanteamiento ahonda sus raíces y se origina en las postrimerías del siglo anterior. Con este replanteamiento está conformándose una nueva adaptación en los esquemas internacionales de la imposición sobre la renta, fundamentalmente societaria, pero también de las personas físicas. Con ello, la necesidad de articular respuestas tributarias de carácter internacional o supranacional es mucho mayor que la proposición tradi-

cional de aseguramiento de unos objetivos limitados y concretos con una serie de medidas y propuestas de naturaleza internacional de alcance limitado.

11.   Y con ello, surge la necesidad de reformular los criterios de atribución, asignación y ejercicio de las competencias y funciones tributarias tradicionales, con el análisis correspondiente del impacto que dicha reformulación ejerce sobre la legitimación de su ejercicio, a partir de la consideración doctrinal que se ha llevado a cabo de esa legitimación.

CAPÍTULO 2

ÁMBITOS DE COMPETENCIA TRIBUTARIA AFECTADOS POR LA ARTICULACIÓN DE RESPUESTAS SUPRANACIONALES CON INCIDENCIA EN MATERIA TRIBUTARIA

12. La formulación de propuestas a nivel supranacional o internacional en materia tributaria –cabría decir, para ser más precisos, en el ámbito de la imposición sobre la renta[2]–, adicionales al de la corrección de la doble imposición internacional y de la prevención de la evasión fiscal internacional, se ha dirigido hacia cuatro ámbitos fundamentales de actuación.

1. COMPETENCIA FISCAL Y ESTÁNDARES DE TRANSPARENCIA Y GOBERNANZA

13. En primer lugar, y en un primer momento, los esfuerzos de diferentes organizaciones internacionales se dirigieron hacia el control supranacional de los regímenes tributarios preferenciales que generaban una competencia fiscal dañina. Estos esfuerzos se concretaron en el establecimiento de importantes consensos políticos a nivel internacional, así como en instrumentos para su vigilancia, verificación y, en su caso, modificación, adaptación o eliminación. Los compromisos internacionales se establecieron a nivel político, tras la aprobación del informe sobre competencia fiscal dañina elaborado por la OCDE[3]. Dicho compromiso político determinó la creación de grupos de trabajo que establecieron criterios consensuados a nivel internacional para identificar los criterios de algunos sistemas dañinos, analizaron los diferentes regímenes propuestos, y fijaron compromisos internacionales para su eliminación, modificación o adaptación a los criterios previamente establecidos.

---

[2] Algunas materias, como las exacciones aduaneras y de efecto equivalente son objeto de un tratamiento y negociación a nivel supranacional, lo que determina, asimismo, una concepción diversa de su fundamento y de la verificación de su legitimidad. En cambio, el ámbito de la imposición directa, expresada fundamentalmente en la imposición sobre la renta y sobre el patrimonio, había quedado históricamente en manos de los Parlamentos nacionales, con una acción muy limitada de los organismos internacionales e incluso del poder ejecutivo en el ejercicio de sus competencias en materia de política exterior.

[3] OECD. *Harmful Tax Competition. An Emerging Global Issue.* Paris. 1998. https://doi.org/10.1787/9789264162945-en. OECD. *Towards Global Tax Co-Operation. Progress in identifying and Eliminating harmful Tax Practices.* 2000. OECD. *The OECD's Project on Harmful Tax Practices.* Paris. 2002. https://doi.org/10.1787/9789264033993-en.

14.   El trabajo fue desarrollado en el seno del denominado *Forum on Harmful Tax Practices*, que examinó e identificó los factores que permitían identificar los regímenes: impuestos inexistentes o meramente nominales, o ausencia de impuestos o con bajos tipos efectivos de gravamen en el caso de los regímenes preferenciales, ausencia de intercambio de información efectivo, falta de transparencia, y ausencia de exigencia de actividad sustancial (paraísos fiscales), o mecanismo de exclusión de entidades domésticas (*ring fencing*) para los regímenes preferenciales. Dichos criterios fueron desarrollándose y ampliándose a medida que el Foro fue analizando los diferentes regímenes sometidos a consideración. Las actividades afectaron tanto los regímenes preferenciales de los Estados miembros de la OCDE, como los paraísos fiscales y los regímenes de economías no-miembro (Estados terceros)[4].

15.   Dicha actuación ha tenido una de sus últimas manifestaciones en la acción 5 del Plan de Acción BEPS[5], uno de los estándares mínimos del Plan de Acción BEPS. La acción obligó a revisar y adecuar los regímenes tributarios preferenciales sobre la base de la transparencia y los requisitos de sustancia económica que aseguren el desarrollo de la competencia fiscal en condiciones de igualdad.

16.   En el ámbito de la Unión Europea, la lucha contra la competencia fiscal perjudicial se desarrolló de forma paralela, como consecuencia del Paquete Monti que incorporaba la posible revisión y adaptación de los regímenes fiscales perjudiciales por parte del Grupo Primarolo[6], en su denominación inicial. La principal singularidad de este proceso paralelo consistió en el reforzamiento del compromiso político alcanzado, desde una perspectiva jurídica, mediante el ejercicio de las competencias de la Comisión Europea sobre el control de las ayudas de Estado, orientando su actuación hacia

---

[4]   Rosembuj, T., «Harmful tax competition», *Intertax*, 10/1999, págs. 316-334. Nov, A., «Tax competition: an analysis of the fundamental arguments», *Tax Notes International*, 4/2005, págs. 323-333. Owens, J. P., «Curbing harmful tax competition: recommendations by the Committee on Fiscal Affairs», *Intertax*, 8-9/1998, págs. 230-234.

[5]   OECD (2015), *Countering Harmful Tax Practices More Effectively, Taking into Account Transparency and Substance, Action 5 – 2015 Final Report*, OECD/G20 Base Erosion and Profit Shifting Project, OECD Publishing, Paris, https://doi.org/10.1787/9789264241190-en. OECD (2019), *Harmful Tax Practices – 2018 Progress Report on Preferential Regimes: Inclusive Framework on BEPS: Action 5*, OECD/G20 Base Erosion and Profit Shifting Project, OECD Publishing, Paris, https://doi.org/10.1787/9789264311480-en. OECD. *BEPS Action 5 on Harmful Tax Practices_ Transparency Framework. Peer Review Documents. February 2021*. OECD. *Harmful Tax Practices- Peer Review Results. Inclusive framework on BEPS: Action 5. Update as of February 2024*. En total, los regímenes revisados ascienden a 322. Ramm, K., «Action 5: countering harmful tax practices more effectively, taking into account transparency and substance», *International Tax Review*, 10/2015, págs. 31-32.

[6]   Loukota, W., «Tax law amendments in response to EC Code of Conduct», *European Taxation*, 7-8/2003, págs. 273-275. Pinto, C., «(Harmful) tax competition within the European Union: concept and overview of certain tax regimes in selected member States», en *Tax Competition within the European Union*. European Parliament. Directorate General for Research. Tax Competition in the European Union. Working Paper. Vanistendael, F., «Fiscal support measures and harmful tax competition», *EC Tax Review*, 3/2000, págs. 152-161.

los regímenes tributarios perjudiciales y preferenciales y analizándolos como potencial ayuda fiscal de Estado ilegal o incompatible con el Derecho de la Unión Europea.

17.   El Grupo de Código de Conducta ha desarrollado importantes actuaciones de verificación, análisis y reconsideración de determinados regímenes tributarios[7]. Como consecuencia de su evolución, ha reorientado su actuación hacia la elaboración de pautas y principios de gobernanza tributaria, así como la formulación y actualización de la lista de jurisdicciones no cooperativas de la Unión Europea. Por tanto, su ámbito de actuación no se limita al análisis de los regímenes tributarios de los Estados miembros de la Unión Europea, sino que afecta también a terceros países no miembros, a partir de la elaboración de criterios generales que toman en cuenta las exigencias de transparencia y buen gobierno tal como han sido desarrolladas en el seno de la OCDE.

18.   Las implicaciones de estos compromisos internacionales, de naturaleza política, sobre el reconocimiento del poder de los Estados para configurar sus sistemas tributarios y, en particular, para articular la imposición societaria, fueron muy relevantes, por cuanto implican y aceptan supeditar la actuación y ejercicio de las competencias tributarias nacionales a los compromisos alcanzados a nivel internacional –en sede de la OCDE–, y de la Unión Europea –en sede del Consejo Europeo–. Las diferencias son notables, por cuanto en el segundo caso los Estados actuaban conforme a un procedimiento y unas reglas de formación de la voluntad, de determinación del alcance y de los efectos previamente conocidos. En cambio, en sede de la OCDE, la decisión se elaboró a partir de criterios técnicos, pero en ausencia de unos criterios previos que fijaban el proceso de toma de decisiones y el alcance de las mismas. Dicho desarrollo se vio alentado por la necesidad de intentar recuperar y retener los ingresos públicos ante unas prácticas que se consideraban lesivas y perjudiciales para la erogación internacional de recursos públicos generados por la imposición corporativa. La correcta distribución de la carga tributaria entre los diferentes contribuyentes llamados a la contribución no desempeñó papel alguno en la consecución del consenso político internacional.

2. ASISTENCIA ADMINISTRATIVA Y COOPERACIÓN INTERNACIONAL

19.   Una segunda línea de actuación en la que ha proliferado la formulación de propuestas de carácter internacional y supranacional se ha orientado de forma muy intensa en el reforzamiento de la asistencia y cooperación administrativa internacional en materia tributaria.

---

[7]   https://www.consilium.europa.eu/en/council-eu/preparatory-bodies/code-conduct-group/. OSTERWEIL, E., «The OECD and the EU: two approaches to harmful tax competition», *The EC Tax Journal*, 3/1999, pág. 152-161.

20.   La asistencia y cooperación administrativa internacional en materia tributaria tenía su previsión convencional –como presupuesto habilitante de la extensión de las potestades administrativas de control, verificación y cobro– en el artículo 26 de los Modelos de Convenio Tributarios, tanto de la OCDE como de la ONU. El intercambio administrativo de información relevante en materia tributaria tenía una previsión habilitante en los Modelos de Convenio Tributario desde donde se trasladaba a los Convenios de doble imposición, estableciendo un marco legal para el intercambio automático, espontáneo, o previo requerimiento, siendo esta última la modalidad que tradicionalmente había sido objeto de implementación y desarrollo. El marco normativo se completaba con el Convenio Multilateral de la OCDE y el Consejo de Europa de asistencia administrativa mutua en materia tributaria, firmado el 25 de enero de 1988 ratificado inicialmente únicamente por doce Estados[8]. Algunos Convenios completaban la habilitación asistencial con una cláusula que permitía la asistencia a la recaudación transfronteriza de deudas tributarias, como hiciera la prematura Directiva 76/308/CEE del Consejo, de 15 de marzo de 1976. En el ámbito de la Unión Europea, la Directiva 77/799/CEE del Consejo, de 15 de marzo de 1976 articulaba los mecanismos habilitantes para la colaboración y cooperación inter-administrativa en materia tributaria.

21.   La desconfianza, las reticencias administrativas y una concepción tradicional de la gestión tributaria habían impedido un desarrollo más eficiente y efectivo de la colaboración administrativa internacional en materia tributaria. Aunque, en última instancia, los principales obstáculos residían en la protección legal y constitucional del secreto profesional y en especial del secreto bancario por parte de algunas jurisdicciones, que permitían encontrar encaje jurídico a la exclusión de la asistencia administrativa, minorando la eficacia de los controles administrativos transfronterizos en materia tributaria. La materialización de la libre circulación de capitales sin la garantía de control tributario de los movimientos y de sus titulares y beneficiarios últimos apostillaban la protección jurídica de los contribuyentes frente al control de las situaciones transfronterizas.

22.   Los efectos de los atentados contra las Torres Gemelas y, posteriormente la crisis económica, financiera y presupuestaria mundial desatada tras la caída de Lehman Brothers supusieron un importante cambio de perspectiva internacional en la relación del secreto bancario y la libre circulación de capitales con el control tributario de los movimientos de capitales y la titularidad de los productos financieros. Aunque fue la aprobación de la Ley de Cumplimiento Fiscal de Cuentas Extranjeras (FATCA) y el posterior apoyo político internacional del G-7 y el G-20[9] los que generaron un importante cambio, primero de enfoque y luego normativo, en la configuración del inter-

---

[8]   *Vid.* De Francisco Garrido, R., «La cooperación multilateral en el ámbito de la OCDE», *Cuadernos de Formación.* Colaboración 06/07. Volumen 3/2007, págs. 87-100.

[9]   En 2009, el presidente de la república francesa proclamó, tras la cumbre del G20, que la era del secreto bancario había culminado.

cambio de información y el acceso a la información financiera por la Administración tributaria como importante excepción al secreto bancario[10].

23.   La generalización del intercambio automático de información –financiera, a nivel global, más amplia a nivel europeo– se ha llevado a cabo mediante una profusión de instrumentos normativos de distinto signo: tanto convenios multilaterales[11], como acuerdos internacionales de desarrollo de normas internas[12], o Reglamentos y Directivas en la Unión Europea[13]. El desarrollo de propuestas supranacionales ha contado, pues, con el debido respaldo normativo y, en consecuencia, con el correspondiente proceso de ratificación parlamentaria a nivel interno en cada Estado.

24.   En el desarrollo de los nuevos estándares de cooperación administrativa ha resultado crucial, sin embargo, la labor del Foro Global sobre Transparencia e Intercambio de Información Tributaria, fundado en 2000 en el seno de la OCDE, en cuyo seno se han desarrollado no solo las propuestas internacionales y el estándar común de reporte automático, el acuerdo Global de Transparencia, o la Declaración de Punta del Este. Además, lleva a cabo las revisiones de los estándares de transparencia (fase 1) y su implementación en cada Estado (fase 2)[14]. En la actualidad son más de 170 jurisdicciones las integrantes de dicho Foro Global, con importantes implicaciones tanto normativas como aplicativas y de gestión –global– en materia tributaria. En el desarrollo de los estándares de transparencia y efectividad, sin embargo, se echa en falta la verificación expresa de las garantías de los obligados tributarios reconocidas en la Declaración Universal de los Derechos Humanos de la ONU o en la Carta de Derechos Fundamentales de la Unión Europea frente al correcto uso de la información obtenida, o frente a la obtención de dicha información con las debidas garantías[15].

25.   En cualquier caso, el desarrollo de estos mecanismos y normas supranacionales ha supuesto una clara modificación de los estándares de transparencia tributaria y ha permitido modificar las estrategias de lucha contra la evasión fiscal internacional, aunque en algunas jurisdicciones queda pendiente de analizar la capacidad administra-

---

[10]   GARCÍA PRATS, F. A. (dir.), *Intercambio de información, blanqueo de capitales y lucha contra el fraude fiscal*, Instituto de Estudios Fiscales, 2014.

[11]   Protocolo de enmienda al Convenio Multilateral de Asistencia Administrativa Mutua en Materia Fiscal, firmado en París el 27 de mayo de 2010.

[12]   Mediante la firma de Acuerdos Intergubernamentales (IGA) como desarrollo y aplicación de una Ley interna –FATCA norteamericana–. https://home.treasury.gov/policy-issues/tax-policy/foreign-account-tax-compliance-act.

[13]   Reglamento UE 1798/2003 del Consejo, de 7 de octubre de 2003 y sucesivas modificaciones en materia de cooperación administrativa y lucha contra el fraude en el ámbito del impuesto sobre el valor añadido. Directiva 2011/16/UE del Consejo, de 15 de febrero de 2011 relativa a la cooperación administrativa en el ámbito de la fiscalidad y por la que se deroga la Directiva 77/799/CDE y posteriores modificaciones y actualizaciones en materia de imposición directa.

[14]   Pueden examinarse los resultados de las revisiones en https://doi.org/10.1787/2219469x.

[15]   EATLP (Marino, G. ed.), *New Exchange of Information versus Tax Solutions of Equivalent Effect*. IBFD. 2016.

tiva para utilizar de forma efectiva el cúmulo de información recibida y en otras el desarrollo de capacidades administrativas que permitan un intercambio efectivo de la información que debe obtenerse y proporcionarse.

3. LA LUCHA CONTRA LA PLANIFICACIÓN FISCAL AGRESIVA

26. La crisis financiera y presupuestaria mundial puso de manifiesto la necesidad de encontrar nuevas fuentes de recursos financieros para las arcas públicas. Se constató, dato conocido a partir de informes previos, que algunas entidades, especialmente las empresas multinacionales, lograban rebajar su carga tributaria global. Para ello se valían de esquemas tributarios específicos que aprovechaban las asimetrías y la descoordinación existente entre diferentes sistemas tributarios, así como los efectos que provocaban la interacción de los convenios tributarios internacionales con dichos sistemas y regímenes tributarios unilaterales, contando en no pocas ocasiones con la colaboración y complacencia de algunas autoridades tributarias.

27. La reacción, patrocinada y apoyada al más alto nivel político internacional desde el G7 y el G20 fue desarrollada por la OCDE, que desarrolló el plan de acción de lucha contra la erosión de bases imponibles y traslación de beneficios, conocido como Plan de Acción BEPS. El plan constaba de 15 acciones de naturaleza y alcance variado. Incorporaba desde acciones transversales de carácter material –como la relativa a la tributación de la economía digital–, a acciones de reforzamiento e intensificación de la cooperación administrativa –como los *mandatory disclosure requirements*, o *el CbC reporting*–; pasando por propuestas de revisión o actualización de conceptos y estándares tributarios internacionales –como las acciones dirigidas a revisar el concepto de establecimiento permanente o los mecanismos de correcta valoración a precios de mercado de diferentes transacciones de difícil valoración entre operaciones vinculadas–; o a la revisión del acceso a los Convenios tributarios internacionales y la prevención de su posible aprovechamiento abusivo. También resultan de interés a nuestro objeto, por su singularidad, las acciones que optan por la recomendación de medidas de política tributaria a incorporar en los ordenamientos tributarios internos por parte de los Estados que asumen los postulados del plan. Por un lado, las medidas tendentes a limitar la deducibilidad de los gastos financieros, a través de determinadas medidas consideradas buenas prácticas. Por otro, mediante la incorporación de medidas de defensa y de reacción a adoptar por las jurisdicciones tributarias para evitar un resultado que se generaba como consecuencia de determinadas asimetrías en los sistemas tributarios: la desimposición.

28. La justificación de dicha reacción descansaba en la existencia de un nuevo principio –*single taxation principle*– que asume o, propiamente dicho, considera, que las rentas transnacionales deberían ser sometidas a gravamen al menos una vez. Y decimos considera porque parte de varias asunciones equivocadas. La primera, que desconoce la competencia de las jurisdicciones tributarias para no coordinar sus acciones o para establecer unilateralmente sus hechos gravados y sus beneficios fiscales. La segunda,

que asume un resultado para el que se exige la acción de los parlamentos nacionales. El principio propone un resultado –tributación única de «la» renta– sin tener en cuenta las definiciones diversas de renta, cálculos e integraciones diversas de la misma, diversa consideración de los gastos y de su deducibilidad, así como de otros criterios como la incidencia de los beneficios fiscales o los criterios de imputación temporal existentes en los diferentes sistemas tributarios. Y, además, con ausencia de habilitación o mandato para formular una mínima coordinación entre los sistemas tributarios. Por añadidura, el principio justifica la reacción de determinadas medidas primarias o defensivas sin establecer un presupuesto concreto de reacción –el mínimo de tributación que debe exigirse para aplicar las medidas–. Además, autoriza la reacción de otra jurisdicción en atención a la ausencia de gravamen o a la consecución de un resultado legal, pero que este estándar considera reprobable permitiendo su neutralización.

29. Estas ideas germinarán posteriormente en la necesidad de garantizar una tributación mínima –y no sólo única–, y en la capacidad de las jurisdicciones tributarias de someter a gravamen las rentas que no hubieran sido sometidas a gravamen por otras jurisdicciones hasta determinada tributación mínima, en contra de los criterios y estándares tributarios aprobados y vigentes desde el siglo anterior.

30. Los mecanismos y medidas acordadas han supuesto un importante reforzamiento y también una ampliación de la función encomendada a las organizaciones internacionales, la aparición de nuevos grupos e instituciones, así como de nuevos instrumentos multilaterales y mecanismos de derecho en agraz de apoyo.

31. Dichas medidas suponen una intervención, siquiera indirecta, en la configuración de los sistemas tributarios internos a partir de un trabajo conjunto en sede internacional de forma más intensa a las actuaciones anteriores llevadas a cabo por organismos internacionales. A pesar de que la mayoría de las medidas no son de incorporación obligatoria –como sucede con los estándares mínimos, que sí afectan a los criterios de revisión de los regímenes fiscales preferenciales– suponen la elevación del órgano encargado de debatir, analizar y proponer medidas de política tributaria, desde un plano puramente interno, a cuya esfera competencial corresponden inicialmente, a un plano elevado, internacional. Y en este sentido, interesa verificar cómo se identifican los problemas, en qué sede y con qué procedimiento se debaten y se deciden las propuestas, y quién identifica, propone, debate y aprueba ambos. En última instancia, debe verificarse si, con dicha recomendación, se hurta a los parlamentos nacionales, bien unilateralmente, o de forma coordinada, de optar por alternativas más coherentes con sus propias preferencias para la consecución de los objetivos fijados a nivel internacional[16].

32. Como analizaremos en su momento, en la Unión Europea, el debate en torno al desarrollo de medidas contra la planificación fiscal agresiva transcurre de forma

---

[16] Parada, L., *Double Non-taxation and the Use of Hybrid Entities. Series on International Taxation,* Wolters Kluwer, 2018. Parada, L., «Hybrid Entity Mismatches: Exploring Three Alternatives for Coordination», *Intertax,* 1/2019. https://ssrn.com/abstract=3384567.

paralela, en cierta medida con coordinación y en algunos aspectos de forma independiente al desarrollo internacional, con la proposición de medidas que discrepan de las propuestas internacionales, pero sobre todo con un alcance y nivel de compromiso jurídico diverso. La existencia de unos cauces procedimentales expresamente previstos, la atribución expresa o implícita de competencias a los órganos supranacionales y el desarrollo de las pautas de toma de decisión preestablecidos, derivan la discusión sobre la legitimidad a un ámbito diverso, el de la competencia de las instituciones de la UE para tomar estas decisiones, a partir de los objetivos buscados y la finalidad que las justifica[17].

4. LOS NUEVOS «ESTÁNDARES INTERNACIONALES DE TRIBUTACIÓN»: EL PILAR 1 Y EL PILAR 2

33. En cuarto lugar, el cierre en falso de la actualización de los estándares tributarios internacionales frente a los retos que planteaba la digitalización económica dio pie a una reacción dispar por parte de diversos ordenamientos tributarios. El informe sobre la acción 1 del plan BEPS puso de manifiesto la imposibilidad de alcanzar un acuerdo o consenso internacional mínimo sobre la forma de exigir un gravamen adicional a las empresas de economía digital que podían sortear los estándares tributarios internacionales tradicionales, como la presencia innecesaria de un establecimiento permanente en las jurisdicciones fuente.

34. En primer lugar, se produjo una reacción unilateral, respaldada por parte de un número creciente de jurisdicciones, que consideraban adecuado establecer medidas unilaterales de gravamen de las rentas generadas por las empresas dedicadas a la prestación de servicios digitales: los denominados impuestos a los servicios digitales en sus variadas denominaciones y técnicas impositivas[18]. Como reacción –también unila

---

[17] No obstante, surgen críticas en torno a la adecuación de la justificación contenida en varios de los Considerandos de la Directiva UE 2016/1164 del Consejo de 12 de julio de 2016, por la que se establecen normas contra las prácticas de elusión fiscal que inciden directamente en el funcionamiento del mercado interior. En el Considerando (3) se justifica la aplicación de estas medidas –que intentan asegurar una reacción contra el abuso de normas no comunitarias sino nacionales– por la necesidad de establecer normas que refuercen el «nivel medio de protección contra la planificación fiscal en el mercado interior», cuando la protección que subyace es la de los niveles recaudatorios de los Estados miembros, que exigiría otro título habilitante.

[18] Desde el *diverted profit tax* del Reino Unido, hasta el *digitalization levy* de la India, o la tasa Google de Francia, o la propuesta non-nata de canon digital de la UE y de impuestos estatales sobre servicios digitales en los Estados Unidos. En la actualidad, son casi veinte las jurisdicciones que aplican un impuesto adicional, diverso del impuesto sobre la renta, a los servicios digitales, a sus empresas o a su volumen de negocios. https://taxfoundation.org/research/all/global/digital-taxation/. Parte de la doctrina criticó dichos tributos por su naturaleza discriminatoria frente a algunos sectores y países particulares, *vid.* Daniel Bunn, «A Summary of Criticisms of the EU Digital Tax», *Tax Foundation* (Oct. 22, 2018). Mason, R. y Parada, L., «Digital Battlefront in the "Tax War"», *Tax Notes Int'l*, Dec. 17, 2018, p. 1183. Frieden, K. y Lindholm, D., «State Digital Services Taxes: A Bad Idea Under Any Theory», *Tax Notes*. 10 April 2023. A favor de la aplicación unilateral de los impuestos sobre servicios digitales *vid.* Cui, W., «The Digital Services Tax: A Conceptual Defense». 53 *Tax Law Rev.* 1/2019, págs. 69-111.

teral– a dichos actos unilaterales de imposición, los Estados Unidos abrieron investigaciones para reclamar el pago de diferentes impuestos a empresas europeas, generando el riesgo de apertura de una guerra fiscal que pudiera derivar en una guerra comercial si no se conseguía un acuerdo o consenso global[19].

35.   La reforma fiscal aprobada por los Estados Unidos con la Tax Cuts and Jobs Act dio pie a la posibilidad de establecer una nueva solución de compromiso, denominada BEPS 2.0, consistente en dos pilares, el Pilar 1 y el Pilar 2, éste último inspirado en cierta forma en la propuesta de GILTI norteamericano[20]. La propuesta aspiraba a lograr una imposición mínima efectiva societaria para determinados grupos multinacionales, y un cierto y limitado replanteamiento del reconocimiento en favor de las «jurisdicciones de mercado» de la asignación de derechos de gravamen sobre un grupo reducido de grandes empresas multinacionales. La propuesta, englobada en los denominados Pilar 1 y Pilar 2, supuso una importante reconsideración de la fiscalidad internacional y de los principios subyacentes e inspiradores; pero, sobre todo, de la función que se erogan determinadas organizaciones internacionales en la formulación, iniciativa, desarrollo, discusión y aprobación de dichas normas, de modelos y criterios-guía e interpretativos, así como de la trascendencia e implicaciones que los mismos tienen para la consideración tradicional de los esquemas, principios y procedimientos que justifican y legitiman el ejercicio del poder estatal en materia tributaria a nivel interno o doméstico.

36.   El Pilar 1 incorporaba el reconocimiento de un nuevo derecho de gravamen a las denominadas jurisdicciones de mercado sobre los beneficios extraordinarios de las principales multinacionales del mundo, con determinadas exclusiones, y renunciando a gravar únicamente, o necesariamente, a las empresas o rentas generadas por el proceso de digitalización económica. La puesta en práctica de dicho gravamen exigía la aprobación de una norma convencional que se ha aprobado finalmente y está pendiente de ratificación, aunque el proceso es incierto por la negativa de algunas jurisdicciones a firmar el Convenio, y la renuencia de muchas otras jurisdicciones a asumir los compromisos que comporta[21].

37.   El Pilar 2, por el contrario, establecía diferentes medidas –un impuesto complementario sobre la última entidad matriz, y un impuesto subsidiario de sujeción a gravamen en la fuente, reglas GloBE– para asegurar un impuesto global mínimo

---

[19]   LAMER, E., «Global Tax Deal amy wait for US Election», *Tax Notes International*, 1 July 2020. CHRISTIE, R., «Taxing Tech. Digital services taxes take shape in the shadow of the pandemic», *Finance & Development*, March 2021, págs. 54-57.

[20]   HEZFELD, M., «The Origins of GILTI», *Tax Notes International*. 25 Junio 2018. P 1446-1470.

[21]   Multilateral Convention to Implement Amount A of Pillar One. https://www.oecd.org/tax/beps/multilateral-convention-to-implement-amount-a-of-pillar-one.pdf. Explanatory Statement to the Multilateral Convention to Implement Amount A of Pillar One. https://www.oecd.org/tax/beps/explanatory-statement-multilateral-convention-to-implement-amount-a-of-pillar-one.pdf. Undertanding on the application of certainty for amount A of pillar one. https://www.oecd.org/tax/beps/understanding-on-the-application-of-certainty-for-amount-a-of-pillar-one.pdf.

efectivo sobre los beneficios de las empresas multinacionales con un volumen de negocios superior a 750 millones de euros. La aplicación de estos impuestos complementarios por parte de una masa crítica de jurisdicciones exigía el desarrollo de reglas, criterios y mecanismos de determinación del gravamen que se han desarrollado a nivel internacional en el seno del Marco Inclusivo y al margen del debate e interacción con los Parlamentos nacionales, a los que tradicionalmente asiste la función de debatir y aprobar los elementos esenciales de los tributos que conforman el núcleo principal de ingresos públicos del Estado en cuestión.

38.   El 1 de julio de 2021, 130 países de los 139 que conformaban el Marco Inclusivo de la OCDE-G20 sobre la erosión de bases imponibles y la desviación de beneficios se adhirieron a una declaración histórica sobre el acuerdo alcanzado en una solución basada en dos pilares para hacer frente a los retos derivados de la digitalización de la economía. Aunque inicialmente siete países rechazaron suscribir el acuerdo, en la actualidad 142 miembros del Marco Inclusivo se han reafirmado en el enfoque de dos pilares para abordar los desafíos fiscales derivados de la digitalización de la economía[22].

39.   Dicho proceso de elaboración, formulación y aclaración del contenido y *exigencias* del impuesto mínimo complementario y sus alternativas fue puesto en marcha después del compromiso político alcanzado a través de un proceso de elaboración desarrollado en el seno del Marco Inclusivo. El proceso de formación de la voluntad en sede del organismo internacional encargado de su desarrollo dejaba al margen a los Parlamentos nacionales, cuya función quedaba limitada a rechazar o aprobar el modelo propuesto, con mínimos ajustes que respetaran en todo caso la estructura y efectos del impuesto mínimo complementario.

40.   En 2014, el profesor Essers señalaba acertadamente que «das decisiones en el ámbito del Derecho fiscal internacional deben ser tomadas, explicadas y justificadas por políticos y responsables políticos»[23]. Ahora que nuevos agentes y organizaciones parecen preocupados por los llamados nuevos paradigmas de la fiscalidad internacional, es importante tener en cuenta algunos elementos que ayuden a comprender: (a) cómo se elaboraron y se elaboran, firman y aplican las normas (fiscales) internacionales, (b) cómo los Estados las incorporan a sus respectivos sistemas fiscales nacionales, (c) y qué tipo de rendición de cuentas resulta exigible a los que formulan los estándares de tributación internacional, (d) así cómo ante qué organismos u organizaciones deben rendir cuentas y (e) qué tipo de control cabe realizar ante su formulación.

---

[22]   Declaración de Resultados del Marco Inclusivo de la OCDE y el G20 sobre BEPS, de 28 de mayo de 2024. https://www.oecd.org/tax/beps/declaracion-de-resultados-sobre-el-enfoque-de-dos-pilares-para-abordar-los-desafios-fiscales-derivados-de-la-digitalizacion-de-la-economia-julio-2023.pdf.

[23]   Essers, P., «International Tax Justice between Machiavelli and Habermas», 68 *Bulletin for International Taxation* 54 (2014), pág. 54.

CAPÍTULO 3

LA AMPLIACIÓN DE LAS FUNCIONES ASUMIDAS POR LAS ORGANIZACIONES INTERNACIONALES EN MATERIA TRIBUTARIA DEBE VENIR ACOMPAÑADA POR UN MODELO APROPIADO DE GOBERNANZA INTERNACIONAL

41. La globalización, y los nuevos modelos de negocio internacionales en la era de la digitalización, han permitido el desarrollo de estrategias fiscales por parte de algunos contribuyentes, principalmente multinacionales, que les reportaron una reducción significativa de su carga fiscal acumulada. Este proceso condujo a una distribución injusta y asimétrica de las cargas fiscales entre los contribuyentes, como consecuencia de la falta de coordinación entre los ordenamientos tributarios internos, la insuficiente atención por parte de los desarrolladores de normas fiscales internacionales para cubrir o neutralizar los efectos perniciosos de dichas asimetrías, y la incapacidad de hacer frente a este resultado injusto mediante acciones unilaterales.

42. En una economía global cada vez más interconectada, el desarrollo de normas y criterios fiscales internacionales que aborden dicha problemática se ha convertido en un tema actual de gran preocupación y debate. Tal es así que la tributación societaria estuvo presente en la agenda política de los mandatarios de los principales países del mundo, y de forma reiterada, tanto en el G-20 como en el G-7 durante varias de sus reuniones internacionales.

43. Como consecuencia de ello, la comunidad internacional consideró necesario dedicar mayores esfuerzos a la búsqueda de fórmulas de coordinación internacional que permitieran un encaje e interrelación de los impuestos nacionales sobre las rentas de las sociedades que evitara desajustes y asimetrías, manteniendo un difícil equilibrio con la necesidad de respetar la soberanía de cada jurisdicción en materia tributaria, aun matizándola de forma importante. A tal efecto, la última década ha sido prolija en el planteamiento, desarrollo y adopción de varias iniciativas normativas, que inciden tanto en el plano internacional como en el nacional, que pudieran hacer frente a los retos señalados de forma efectiva, eficiente y justa.

44. El proceso de generación y formulación de estos mecanismos y estándares ha venido acompasado de forma paralela y simultánea con la aparición de nuevas instituciones y organismos internacionales que complementan el rol de las organizaciones preexistentes, que a su vez han modificado o se encuentran en proceso de modificar su estructura de base y sus mecanismos decisionales. Las organizaciones

internacionales, como la OCDE, la ONU, la UE, la OMC o el FMI y el BM han intensificado su actividad en materia tributaria, en la coordinación de sus políticas tributarias y en la formulación de nuevos foros de encuentro, como los diversos Foros internacionales en materia tributaria, o el Marco Inclusivo.

45. La aparición de estas nuevas fórmulas de colaboración internacional se ha realizado bajo el prisma de ampliar la base decisional y, por tanto, de ampliar la participación de los diferentes Estados y agentes involucrados y afectados por las medidas y, en última instancia, de asumir –y adaptar– los postulados que se formulan y recomiendan. A pesar de ello, no son pocas las críticas que ha recibido este *modus operandi*, por insuficiente representatividad de los órganos decisores, por falta de adecuación de las propuestas a las peculiaridades existentes en los Estados destinatarios –*one-size-does-not-fit-all*–, o por la falta de adecuación técnica de los órganos que deberían encargarse de la formulación de dichos estándares.

46. La globalización conlleva la necesidad de buscar respuestas supranacionales a cuestiones que tradicionalmente se habían formulado y desarrollado a nivel puramente interno en materia fiscal. Sin embargo, es preciso verificar si dichas respuestas resultan adecuadas a los estándares de legitimidad que debieran resultar exigibles, verificar qué estándares de legitimidad debieran resultar aplicables y qué tipo de control, consecuencias o alternativas debieran seguirse a dicho proceso de verificación. Si los Estados se muestran incapaces para afrontar la problemática y atajar las consecuencias resultantes, la necesidad de buscar mecanismos de coordinación o de respuesta a nivel supranacional aparece como solución alternativa. Sin embargo, no sólo es importante asumir como necesaria la coordinación, sino que cabe preguntarse por el tipo de coordinación exigible, por el nivel óptimo de coordinación y de sus exigencias, así como de los procedimientos –internos e internacionales– que habilitaron o deban habilitar a la realización de dicha coordinación.

47. Siendo necesario el avance hacia una mayor coordinación y desarrollo de las normas y estructuras tributarias internacionales, la evolución real de las normas tributarias internacionales exige conocer si, por qué y, en caso afirmativo, cómo se han desarrollado o se están desarrollando las nuevas normas, reglas, modelos y recomendaciones tributarias internacionales que se derivan de los nuevos paradigmas tributarios cumpliendo ciertos niveles mínimos de legitimidad.

48. El escenario que surge de los nuevos modelos de negocio y las implicaciones de la nueva era digital conllevan la formulación de propuestas normativas que se apartan de la tradicional norma unilateral puramente doméstica. Hay que buscar, y se están buscando, soluciones globales para hacer frente de forma más eficiente y coordinada a las lagunas, asimetrías, vacíos legales e insuficiente e ineficaz control de determinadas estrategias de planificación fiscal de algunos contribuyentes, principalmente empresas multinacionales. En este sentido, las pretensiones de idoneidad, adecuación, representatividad y pericia técnica han sido argumentadas por diferentes autores y organizaciones para mejorar las legítimas expectativas de los diferentes

Estados y partes interesadas en los resultados, y se han realizado esfuerzos para ampliar la representatividad original en los debates desarrollados hasta el momento[24].

49.	Siendo necesario el esfuerzo, es necesario verificar cómo se logra esta coordinación y formulación de los nuevos paradigmas a nivel internacional. Además, es importante analizar cuáles son los mecanismos utilizados por los distintos países para garantizar la legitimidad fiscal interna una vez se decide asumir, total o parcialmente, el estándar fiscal internacional.

50.	Para plantear estas preguntas es importante tener en cuenta:

a)	cuál es el ámbito y el alcance de las competencias asumidas o por asumir por los organismos y organizaciones internacionales y supranacionales;

b)	qué proceso o procedimiento se ha utilizado para otorgar y reconocer dicha atribución de competencias a nivel interno o nacional;

c)	cuál es la verificación del buen uso de dicho mandato; y

d)	qué estrategias de legitimación han sido desarrolladas por las organizaciones internacionales para garantizar un resultado aceptado y eficaz.

---

[24]	Declaración de los Líderes del G20 en Bali. 15-16 Nov. 2022. Hoja de ruta del G20/OCDE sobre los países en desarrollo y la fiscalidad internacional. Informe de la OCDE para los Ministros de Finanzas y Gobernadores de Bancos Centrales del G20. Octubre 2022. ONU. Asamblea General de la ONU, «Promoción de una cooperación fiscal internacional inclusiva y eficaz en las Naciones Unidas», A/78/235 (26 de julio de 2023).

CAPÍTULO 4
LA PROPUESTA DE CREACIÓN DE UNA ORGANIZACIÓN TRIBUTARIA MUNDIAL

51.	A resultas del proceso de globalización económica, desde las postrimerías del siglo pasado diversos autores expresaron y desarrollaron la conveniencia de adaptar el proceso de gobernanza tributaria creando una Organización Tributaria Mundial[25]. La globalización exigía una coordinación e interrelación de las políticas tributarias de los Estados que va más allá de la corrección de la doble imposición internacional o la prevención de la evasión y la elusión fiscal internacionales, puesto que las políticas tributarias nacionales generaban interacciones y fricciones mucho más numerosas, diversas y complejas. A resultas de la globalización, los Estados perdieron su soberanía plena para concretar y fijar su sistema tributario, que se ve condicionado de forma importante por la acción de otros sistemas tributarios que interactúan y compiten entre sí, condicionando, limitando, incentivando o neutralizando sus propuestas y políticas respectivas.

52.	Fruto de estas discusiones surgieron embriones de colaboración entre distintas organizaciones internacionales con la finalidad de mejorar los procesos de gobernanza tributaria mundial, como el denominado International Tax Dialogue (el ITD)[26]. El ITD se creó como iniciativa conjunta de la Comisión Europea, el Banco Interamericano de Desarrollo, el Fondo Monetario Internacional, la OCDE, el Grupo del Banco Mundial y el Centro Inter-Americano de Administraciones Tributarias (CIAT), para fortalecer y favorecer las discusiones en materia tributaria entre miembros de las administraciones tributarias, organizaciones tributarias regionales y otros agentes interesados en el proceso.

---

[25]	Uno de los grandes defensores de dicha propuesta fue Vito Tanzi, Director del Departamento de Asuntos Fiscales del Fondo Monetario Internacional. TANZI, V., «The impact of economic globalization on taxation», *BIFD* 8-9/1998, págs. 338-343. TANZI, V., «Is there a need for a World Tax Organization?», Lecture. CIAT. 2000. SAWYER, A. J., *Developing a World Tax Organization: the way forward.* Fiscal Publications. 2009. SPENCER, D. E., «The UN- a forum for global tax issues?», *Journal of International Taxation,* 1-2/2006 págs. 42-54. COCKFIELD, A. J., «The rise of the OECD as informal "world tax organization" through national responses to e-commerce tax challenges», *Yale Journal of Law and Technology,* 1/2006, págs. 136-187. FARRELL, J. E., *The interface of international trade law and taxation: defining the role of the WTO.* IBFD. 2013. SAWYER, A. J., «Developing and International (World) Tax Organisation for Administering Binding Rulings and APAs- The Way Forward», *Australian Ta Forum.* 2/2006, págs. 287-330. OWENS, J. P., «Interacting with international and regional tax organizations», *Tax Notes International,* 12/2014, págs. 1131-1137.

[26]	https://www.imf.org/external/np/fad/itd/2002/031302.htm.

53.   Las propuestas de creación de una Organización Mundial Tributaria (OMT) establecían como objetivo principal la supervisión y análisis de las políticas tributarias con trascendencia e implicaciones transfronterizas[27]. La OMT debería estar a cargo de la identificación de las principales tendencias tributarias y de los problemas a nivel internacional, algo que, en la actualidad, viene realizando de forma regular el Comité de Asuntos Fiscales de la OCDE. La organización internacional especializada debería identificar aquellas situaciones y circunstancias que generan efectos transfronterizos de relevancia para las políticas tributarias para someterlos a debate y análisis. Los autores advierten de la necesidad de un mecanismo de gobernanza mundial que acompasara el proceso de globalización económica; proceso al que se llega con retraso, pues se anticipó la consolidación del segundo sin siquiera previsión o consideración del primero.

54.   Entre las funciones que se le asignaban destacaban (a) la compilación estadística y de información tributaria a nivel mundial, con verificación de mejores prácticas tributarias; (b) la prestación de asistencia técnica para los Estados en materia tributaria, elemento de trascendencia relevante para los países en desarrollo, con la preparación de programas específicos de capacitación; (c) el establecimiento de un Foro Global para el intercambio de ideas en materia tributaria en igualdad de condiciones; (d) el establecimiento de otro Foro para la resolución de controversias inter-jurisdiccionales en materia tributaria; y (e) el establecimiento de mecanismos de vigilancia de los desarrollos normativos y aplicativos en determinadas materias tributarias, así como en cuadros macroeconómicos sobre los efectos de las políticas tributarias a nivel local, regional y mundial.

55.   La propuesta no se ha materializado, en parte por la intención de varias organizaciones internacionales de asumir el reto y la responsabilidad de abordar y abarcar dichos retos. De hecho, muchas de estas propuestas se han puesto en marcha por parte de Organizaciones internacionales existentes.

56.   Por un lado, la OCDE, que, partiendo de una mayor especialización y experiencia técnica, una mayor consolidación y un mayor presupuesto, se consideraba la sede natural desde la que avanzar hacia una estructura internacional o global de gobernanza tributaria, como demuestran la encomienda del G-7/G-20 de ejecutar y desarrollar el Plan de Acción BEPS y posteriormente el desarrollo técnico de las medidas previstas en el Pilar 1 y en el Pilar 2[28]. La mayor crítica a esta organización como alternativa de institución tributaria global reside en el número limitado de sus miembros y su encuadramiento en el grupo de países desarrollados, lo que condiciona e influencia las políticas tributarias e intereses subyacentes en sus propuestas. La OCDE ha intentado superar y suplir dichas críticas con iniciativas que amplían la base de su membresía y la implicación de terceros Estados y jurisdicciones no miembros, como

---

[27]   TANZI, V., CIAT, cit., pág. 9.

[28]   COCKFIELD, A. J., «The rise of the OECD as informal "world tax organization" through national responses to e-commerce tax challenges», *Yale Journal of Law and Technology*. 1/2006, págs. 136-187.

veremos de forma más detallada en los próximos apartados. Sea como sea, en la actualidad las propuestas que configuran los estándares tributarios internacionales –los tradicionales y los novedosos–, se han desarrollado en el seno de esta organización, aunque la aparición de otros centros de decisión y organizaciones que reclaman un mayor protagonismo puede revertir esta situación en el futuro.

57. Por otro, la Organización de Naciones Unidas, que reclama para sí una mayor representatividad de la comunidad internacional como principal argumento para asumir las funciones correspondientes a la organización tributaria mundial. En cambio, se critica por un lado su falta de capacidad técnica contrastada y por otra su falta de financiación suficiente, lo que puede poner en entredicho su viabilidad. La Resolución de la Asamblea General de las Naciones Unidas 78/230 y la constitución del Comité intergubernamental para la elaboración de una Convención Marco sobre Cooperación Tributaria Internacional supone un importante respaldo a su implicación en el proceso de gobernanza mundial, aunque está por ver la concreción de sus resultados, su viabilidad y efectividad, los mecanismos que vayan a ejecutarse, así como fundamentalmente su aceptación por parte de algunos países y su interrelación y correspondencia con las labores que ha desempeñado o que seguirá desempeñando la OCDE.

58. La experiencia de la Unión Europea en torno a la gobernanza e integración fiscal entre sus Estados miembros demuestra la dificultad de este proceso de coordinación en materia tributaria, aunque los tiempos recientes demuestran un cambio de actitud de los Estados miembros hacia la coordinación supranacional en materia tributaria. Sin embargo, todavía no ha podido superarse la regla de la unanimidad que el TFUE exige –art. 114.2– para la aprobación de normas armonizadas en materia tributaria por una regla de mayoría reforzada, lo que ha otorgado históricamente un poder de veto a cualquier Estado miembro a las propuestas de Directiva en materia tributaria. La experiencia también resulta interesante por cuanto el proceso de supranacionalización supera el debate sobre la legitimidad (constitucional) de las decisiones tomadas en sede de las organizaciones internacionales, aunque se traslada al de la validez de la supeditación de la primacía del ordenamiento de la Unión Europea a las directrices elaboradas por un organismo internacional ajeno a la Unión Europea cuando no al de la propia legitimidad de las decisiones tomadas en el seno de la Unión.

59. Las propuestas de creación de la organización mundial tributaria recalcan la necesidad de salvaguardar la legitimidad de sus propuestas, en cuanto a su alcance y en cuanto a sus efectos.

60. En cuanto a su alcance, un elemento muy relevante es la fijación y concreción del mandato previo que se asigna a la OMT para su funcionamiento. La creación de la OMT debería ser el resultado de un mandato previo. No entramos en este momento en el debate de la validez y requisitos de dicho mandato, si puede provenir de los Estados como sujetos mandantes, en cuya sede recae la materia objeto de coordinación, o de la Organización internacional que previera su creación, como Organización que ya tuviera encomendadas atribuciones generales de coordinación y vigilancia de determinadas materias. Desde esta atribución general podrían proponerse soluciones

específicas, mediante protocolos o mecanismos específicos, para problemáticas concretas que recayeran en el ámbito de actuación de la organización internacional.

61.   La existencia de un mandato claro y preciso constituye, a juicio de Tanzi, un elemento clave para facilitar la consolidación de la institución, sin descuidar los mecanismos de financiación adecuada que garanticen el correcto desarrollo de sus funciones.

62.   En cuanto a sus efectos, el profesor Tanzi recomienda que las propuestas de la OMT no debieran tener carácter vinculante y normativo directo, sino que fueran meramente recomendaciones sobre actuaciones a adoptar por los países afectados. En cuanto a la estructura de la organización, garantizado su carácter inclusivo, propone la creación de una estructura básica con un consejo ejecutivo compuesto por un número reducido de miembros que garanticen la eficacia de su funcionamiento.

CAPÍTULO 5

LA NECESIDAD DE RECONSIDERAR EL SISTEMA FISCAL INTERNACIONAL

63.   A raíz de la liberalización de la economía mundial a partir de los años 80, la mayoría de los países tuvieron que asumir que la tradicional soberanía «plena» en materia fiscal quedaba limitada por las exigencias del mercado. A pesar de que el ejercicio de la potestad tributaria se sigue considerando como uno de los núcleos esenciales que definen la soberanía de un Estado, la necesidad de adaptar los sistemas fiscales, y especialmente el impuesto de sociedades, a la liberalización de la economía, a las exigencias legales derivadas de las libertades económicas transfronterizas reconocidas y protegidas, o a las condiciones del mercado, llevó a los Estados y a otros actores a una competencia fiscal –una «carrera a la baja»–. Ello se debió a la falta de unas normas de competencia reguladoras paralelas y de unos requisitos fiscales mínimos de imposición efectiva o nominal establecidos o coordinados a nivel internacional o supranacional.

64.   Dicho en otros términos, la protección de la base imponible nacional de la imposición sobre los beneficios societarios no podía garantizarse de forma efectiva y exclusiva mediante la aplicación de medidas puramente nacionales, de lo que resultaba la urgencia de buscar una cierta coordinación a nivel supranacional o internacional que fuera capaz de atajar aquellas vías que se utilizaban por las empresas multinacionales y por los individuos con mayor capacidad económica para minorar o reducir sus cargas tributarias. La crisis financiera iniciada en 2008 llevó a los Estados y a las organizaciones internacionales a reconsiderar las normas fiscales anteriores, obligando a reforzar la asistencia administrativa (y judicial) en materia fiscal frente al secreto bancario y otras garantías y barreras tradicionales a la cooperación transfronteriza efectiva.

65.   De hecho, el proceso de internacionalización económica no sólo afectaba al gravamen efectivo de la imposición societaria, en especial la que afectaba a las entidades multinacionales. Tres ámbitos de actuación principales reclamaban la necesidad de reconsiderar las normas fiscales tradicionales:

a)   la lucha contra el secreto bancario a efectos fiscales;

b)   la reconsideración de la competencia fiscal (perjudicial); y

c)   la necesidad de atajar la erosión de la base imponible y el traslado de beneficios mediante normas fiscales internacionales más estrictas.

65. Las medidas adoptadas frente a estas preocupaciones han conducido a cierta reconsideración, reconfiguración y actualización de las normas fiscales internacionales tradicionales.

66. En el ámbito de la asistencia administrativa, el fin del secreto bancario ha dado lugar en un período relativamente corto a un cambio normativo importante en la regulación de las bases legales para la cooperación administrativa y el intercambio de información.

67. Se ha superado definitivamente la posibilidad de alegar el secreto bancario como excepción legal a la obligación de atender los requerimientos de información tributaria. Se ha establecido como vía estandarizada para el intercambio de información tributaria –sobre todo en relación con las rentas financieras– el intercambio automático de información como preferente frente al intercambio previo requerimiento. La mayoría de los Estados no sólo se ha adherido a Convenios multilaterales sobre asistencia administrativa, sino que ha debido acomodar tanto su normativa interna como su práctica administrativa para superar los procesos de revisión –*peer review process*– que resultan claves para la consideración de cada Estado como jurisdicción cooperante o no cooperante. Con ello, los acuerdos y consensos alcanzados a nivel internacional obligan a una adecuación y modificación de la normativa tributaria interna que permita la exigencia, la obtención, la recopilación, la transmisión y la posterior utilización de la información de relevancia transfronteriza generada a efectos de la mejora en la eficiencia en los sistemas de control tributario. La fijación de estándares mínimos internacionales de respeto y reconocimiento de los derechos y garantías de los obligados tributarios es un asunto pendiente sobre el que deberá progresarse en el futuro[29].

68. El establecimiento de dichos estándares –en ocasiones específicos para diferentes organismos e instituciones– y el de sus procedimientos internacionales de control y verificación, condicionan de forma importante las relaciones internacionales –no sólo tributarias, sino también económicas–. Por un lado, condiciona la actuación interna y doméstica de las competencias tributarias en el establecimiento del sistema tributario y de sus mecanismos de control y verificación. A su vez, el desarrollo de dicho proceso ha servido para el establecimiento de buenas prácticas de gobernanza tributaria que, desde las organizaciones internacionales, estimulan el cumplimiento de determinados criterios de transparencia e intercambio efectivo de información.

---

[29] El establecimiento de un mecanismo de intercambio automático de información sin la previa verificación de la correcta utilización de la información suministrada, limitada a la finalidad tributaria para la que fue obtenida, debería replantear y exigir la formulación de estándares mínimos a revisar en el proceso de revisión –*peer review*– tanto de la normativa como de su aplicación por parte de los países. *Vid.* GARCÍA PRATS, F. A., «The legitimacy of AEOI and Measures other than AEOI», en Marino, G., *New Exchange of Information versus Tax Solutions of Equivalent Effect.* EATLP Annual Congress Istanbul. IBFD. 2016, págs. 133-162. En la actual discusión del Convenio Marco de la ONU, el respeto de los derechos humanos constituye uno de los elementos presentes en la toma en consideración de los Protocolos de desarrollo del nuevo marco tributario internacional.

69.   En el ámbito de la lucha contra la competencia fiscal perjudicial también se han producido importantes limitaciones al ejercicio del poder tributario desde el consenso internacional. Los compromisos políticos asumidos a nivel internacional para corregir, eliminar o adaptar determinados regímenes jurídicos preferenciales son el resultado del análisis comparado y de la identificación de los criterios perjudiciales y de sustancia económica que debían vincularse al mantenimiento de beneficios fiscales que pudieran superar dichos estándares internacionales.

70.   Un proceso similar, aunque más intenso y corto en el tiempo, se ha desarrollado en relación con el plan de acción de lucha contra la erosión de bases imponibles y el traslado de beneficios.

71.   Para ello, se sugirieron diferentes niveles de coordinación y medidas variadas de diverso alcance, teniendo en cuenta el consenso, el apoyo y los fundamentos jurídicos teóricos que debían mantenerse para garantizar la eficacia y la reacción oportuna de las medidas. Así, surgieron medidas que se consideraron estándar mínimo, tanto nacional como internacional, medidas de enfoque común o alternativas a las mismas como mejores prácticas para la consecución de los objetivos buscados a nivel internacional. Sin embargo, parte de la literatura fiscal ya había comenzado a cuestionar la necesidad de establecer ciertos estándares de coordinación, procesos de toma de decisiones y nuevos modelos de consenso[30].

72.   La reacción contra la erosión de la base imponible y el traslado de beneficios generó una gran cantidad de esfuerzos y cambios a nivel internacional, pero no terminó con la presentación de resultados del Plan de Acción BEPS y de sus propuestas, incluida la presentación a firma del Instrumento Multilateral (MLI) para facilitar la incorporación de los consensos obtenidos tras el plan BEPS a los Convenios de doble imposición bilaterales preexistentes.

73.   Por el contrario, con el fin de evitar el desarrollo de mecanismos unilaterales para hacer frente al insuficiente consenso sobre la acción 1 del proyecto BEPS –Desafíos fiscales derivados de la digitalización– la OCDE presentó una propuesta que incorporaba una solución basada en dos pilares.

74.   La propuesta se desarrolló en el ámbito del llamado Marco Inclusivo, que se analizará en un apartado posterior, y puede dar lugar a cambios significativos en:

a)   la fiscalidad de las empresas multinacionales,

b)   la distribución de los derechos de imposición entre jurisdicciones, y

c)   la reconsideración de las políticas, instrumentos y medidas de competencia fiscal.

---

[30]   ZAGLER, M., *International Tax Coordination. An interdisciplinary Perspective on Virtues and Pitfalls.* Routledge. Londres. 2010.

75.   En el desarrollo de las nuevas normas fiscales internacionales, el G20 asumió el liderazgo político y la OCDE actuó como proveedor intelectual de las soluciones.

76.   Este doble mecanismo ha sido en parte criticado al considerar que los escenarios para el desarrollo de las nuevas normas y medidas se tomaron sin un adecuado protagonismo de algunas jurisdicciones y de algunas regiones geográficas del mundo, alegando la incorrecta representatividad y capacidad de las mismas en la formulación de las propuestas, desarrollo y debate de las mismas y también en la formulación del compromiso finalmente acordado[31].

---

[31]   RASMUS, C., CHRISTENSEN *et al. At the Table, Off the Menu? Assessing the Participation of Lower-Income Countries in Glogal Tax Negotiations* (ICTD 2020).

CAPÍTULO 6

LOS PARADIGMAS DE LA NUEVA FISCALIDAD INTERNACIONAL CON RELEVANCIA PARA EL DEBATE DE LA LEGITIMIDAD DEL SISTEMA

77.   En el desarrollo de los nuevos paradigmas y estándares tributarios se logran superar algunos de los presupuestos históricos de la fiscalidad internacional.

1.   EL ENFOQUE MULTILATERAL FRENTE EL TRADICIONAL ENFOQUE BILATERAL

78.   Por un lado, el nuevo enfoque internacional de determinadas cuestiones fiscales transfronterizas se adopta desde una perspectiva multilateral o plurilateral, superando el tradicional enfoque bilateral basado en modelos que hasta hace poco guiaba casi exclusivamente el desarrollo de normas fiscales internacionales bilaterales. Y ello determina que lejos de dejar la concreción de las soluciones normativas a un proceso posterior de negociación bilateral, el proceso negociador e, incluso, la toma del acuerdo, se avanzan y se escalan a un estadio previo y superior, internacional.

79.   Residenciar la fase decisoria a un nivel internacional o supranacional genera importantes preocupaciones en cuanto a la legitimidad del proceso, pero también, en cuanto a la legitimidad del resultado, especialmente cuando conduzca a una solución «única» que no tenga en cuenta las peculiaridades y necesidades de determinados grupos de Estados y partes interesadas. El proceso se encara, de esta forma, hacia una alternativa entre el planteamiento de soluciones unilaterales que den respuesta a los riesgos que cada Estado identifica ante el proceso de transformación del modelo y proceso productivo y económico generado por la digitalización o el surgimiento de la inteligencia artificial, o una alternativa multilateral que no cuenta con un consenso favorable a la formulación de propuestas uniformes o únicas[32]. Ante los riesgos que se generarían con la vuelta del unilateralismo, incapaz, como hemos intentado demostrar, de ofrecer una respuesta adecuada a los retos actuales que se plantean, la formulación de propuestas aceptadas o con un mínimo consenso a nivel internacional se plantea como una alternativa irrenunciable, a pesar de las dificultades que conlleva su plasmación.

---

[32]   La imposibilidad de alcanzar un acuerdo consensuado en torno a la acción 1 del Plan de Acción BEPS sirve como mejor manifestación de lo dicho y logra ejemplificar las alternativas expuestas.

80.   La consecución del nuevo consenso internacional que supere dichas discrepancias se encuentra además con un reto que ha adquirido relevancia. Se trata de la necesidad de alcanzar acuerdos a nivel internacional entre grupos de Estados y jurisdicciones que tienen claros intereses diversos, cuando no contrapuestos. Esta realidad ha estado siempre presente en el desarrollo de los esquemas tributarios internacionales aceptados como estándares tributarios válidos. Lo fue en las discusiones de la Sociedad de Naciones, manifestada en la aprobación de dos Modelos de Convenio, el de México y el de Londres. Y se recrudeció tras el proceso de descolonización, aunque logró modularse y reconducirse con la aprobación del Modelo de Convenio de la ONU de 1980. El Modelo de la ONU reconocía algunas singularidades y exigencias de los países en desarrollo, pero tomaba la estructura y los criterios básicos de distribución de la competencia tributaria entre los Estados que se había consensuado en el Modelo de Convenio de la OCDE, plasmado en 1977, tras la aprobación del proyecto inicial en 1963.

81.   Con todo, el proceso actual es cualitativa y cuantitativamente distinto, tanto por lo que se refiere al alcance de las propuestas, o a la amplitud de las medidas como al contenido material y nivel de desarrollo de las medidas que se proponen (y se aprueban).

82.   Por un lado, al anticiparse y elevarse el proceso decisorio al nivel internacional, los Estados participantes deben explicitar en un momento anterior –al tradicional– su nivel de compromiso con el contenido de la propuesta/acuerdo. Un consenso débil sobre el contenido, el alcance y los efectos de las propuestas multilaterales puede conducir a un resultado ineficaz. Un consenso fuerte, pero con importantes márgenes de maniobra, excepciones, opciones o alternativas al compromiso puede conducir, en cambio, a un multilateralismo *a la carta*.

83 En este sentido, el Instrumento Multilateral (MLI)[33] es un ejemplo de lo aquí manifestado. Su redacción final ha determinado un alto nivel de aceptación. A 27 de junio de 2024, 103 jurisdicciones han firmado el Instrumento Multilateral y, de ellas, 88 lo han ratificado[34]. Puede considerarse, por tanto, que el proceso de actualización de los Convenios de doble imposición preexistentes de conformidad con las *exigencias* y los *acuerdos* alcanzados en el proceso de desarrollo de las medidas convencionales asociadas al Plan de Acción BEPS, ha generado un importante nivel de consenso. Las opciones y reservas incorporadas, y el proceso de doble acuerdo en torno a la medida, así como el número limitado de estándares mínimos que incorpora, pueden explicar el alto nivel de acuerdo, firma y ratificación alcanzado, si bien difuminan la uniformidad del enfoque, para salvaguardar su eficacia a nivel internacional[35].

---

[33]   Convenio multilateral para aplicar las medidas relacionadas con los tratados fiscales para prevenir la erosión de las bases imponibles y el traslado de beneficios, hecho en París el 24 de noviembre de 2016. https://www.boe.es/eli/es/ai/2016/11/24/(1).

[34]   Con sensibles ausencias, como los Estados Unidos o Brasil.

[35]   *Vid.* DOURADO, A. P. (ed.), *International and EU Tax Multilateralism: Challenges or Reinforced Unilateralism?*. Greit Series. 2020.

84. Las medidas que acompañan el desarrollo de los dos Pilares –Pilar 1 y Pilar 2– constituyen los ejemplos opuestos. El Convenio multilateral (MLC) por el que se incorpora el denominado importe A del Pilar 1[36] no ha abierto el proceso de firma y ratificación. Pero a pesar de que reconoce derechos de gravamen adicionales –frente a los previstos en los Convenios de doble imposición– a la denominada jurisdicción de mercado, no son pocas las jurisdicciones de mercado que han manifestado su falta de predisposición a firmar y ratificar dicha Convención multilateral. Una posición más extrema expresan algunas de las jurisdicciones encargadas de reconocer los nuevos impuestos exigidos a efectos de su acreditación y consiguiente eliminación de la doble imposición internacional. A diferencia de lo que ocurrió con el MLI, el MLC no contiene tantas alternativas y opciones, lo que unido a su complejidad técnica y aplicativa[37], puede añadir razones a la inexistencia de un consenso internacional suficientemente amplio. El enfoque relativo al Pilar 2 es distinto, por cuanto no requiere de un acuerdo multilateral, sino de un respaldo suficiente –una masa crítica– de Estados y jurisdicciones para que incorporen en su ordenamiento tributario interno medidas coherentes y coordinadas con las reglas modelo formuladas por la OCDE sobre el Pilar 2. Por ello, las implicaciones sobre la legitimidad son diversas y serán abordadas en otro apartado.

85. La propuesta inicial de la ONU acordada en julio de 2023 abría la posibilidad de consenso a una alternativa de tres enfoques, con un efecto vinculante y un alcance muy diferentes. Sin embargo, la Resolución 78/230 de 22 de diciembre de la Asamblea General limitó las opciones y optó por el desarrollo de un Convenio Marco acompañado y apoyado en una serie de Protocolos.

86. A nuestro juicio, lo que se pone de manifiesto con estos ejemplos es la dificultad de encontrar un consenso internacional, para lo que debe combinarse la eficacia que se pretende atribuir y obtener, y el grado de apoyo y respaldo por las diferentes jurisdicciones –y contribuyentes– a nivel internacional. Por otra, la traslación de los compromisos políticos, una vez alcanzados, a la plasmación en iniciativas normativas, convencionales o legislativas, puede sufrir sensibles alteraciones, porque, siguiendo al clásico, el *diablo está en los detalles*.

87. En última instancia, el debate de fondo debe considerar si cabe una respuesta única a los desafíos de la fiscalidad internacional –*one-size-fits-all approach*– o si deben ofrecerse respuestas adaptadas a la situación específica tanto de los contribuyentes afectados como de los Estados que deben aprobar y acordar su vinculación con el

---

[36] A pesar de que 135 jurisdicciones asumieron en octubre de 2021 los compromisos políticos consistentes en dos pilares para hacer frente a los retos derivados de la digitalización de la economía, existen dudas razonables acerca del nivel de ratificación del Convenio Multilateral para poner en marcha el Importe A del Pilar 1. Por todos, *vid.* BUNN, D. y ENACHE, C., *Tax Foundation Response to OECD Consultation on Amount A of Pillar One*. Tax Foundation. Center for Global Tax Policy.

[37] La nota explicativa del Convenio Multilateral contiene 638 páginas que complementan los 53 artículos y 9 Anexos desarrollados a lo largo de las 212 páginas del Convenio. https://www.oecd.org/tax/beps/explanatory-statement-multilateral-convention-to-implement-amount-a-of-pillar-one.pdf.

compromiso internacional. En dicho caso, el análisis de la legitimidad de la solución propuesta debe llevar a cabo un análisis de idoneidad y proporcionalidad de las medidas específicas propuestas, de su nivel de especificidad, de su adecuación a las circunstancias en las que se encuentra el grupo de contribuyentes o el grupo de países afectado y la ausencia de generación de un trato discriminatorio o lesivo para aquellos contribuyentes y Estados que no puedan ampararse en la solución específica.

88.   Asimismo, la generación de soluciones verdaderamente multilaterales requiere un importante análisis sobre a qué instituciones se atribuye la función de sugerir, iniciar, desarrollar y alcanzar el consenso internacional sobre las nuevas medidas y propuestas. Éste es el ámbito que ha concentrado los mayores esfuerzos tanto de la comunidad internacional como de la literatura fiscal para reclamar un refuerzo y mejora de la *legitimidad* de los estándares emergentes que deben hacer frente a los retos de la economía internacional actual y las necesidades financieras de los Estados.

89.   Debe tenerse en cuenta que la formulación de los nuevos paradigmas es el resultado de la colaboración entre diferentes actores internacionales con competencia en la materia. El apoyo político al más alto nivel ha puesto de manifiesto que el aseguramiento de un esquema de tributación internacional en el que se garantice una tributación mínima de las principales empresas mundiales multinacionales constituye una de las principales preocupaciones de las jurisdicciones con mayor peso –G7 y G20–. Sin embargo, dicho interés no es único de las principales economías, lo que ha llevado a una reacción internacional en cadena que está forzando un replanteamiento de los mecanismos de formación de los estándares y de desarrollo de las propuestas normativas tributarias a nivel internacional.

2.   LOS ACTORES INTERNACIONALES Y SUS MANDATOS RESPECTIVOS

2.1.   LA OCDE CON EL APOYO DEL G-7 Y EL G-20

90.   La OCDE a través de su Comité de Asuntos Fiscales (CFA)[38], y sus foros de base ampliada, ha seguido desempeñando un papel político y técnico principal en

---

[38]   https://oecdgroups.oecd.org/Bodies/ShowBodyView.aspx?BodyID=963&Lang=en. El mandato del Comité de Asuntos Fiscales se contiene en la Resolución del Consejo (C(2013)84), anexo y C/M(2013)17, item 173, por el que se revisa el mandato del Comité de Asuntos Fiscales, concedido inicialmente en 1971, se dirige a contribuir a configurar la globalización en beneficio de todos mediante la promoción y el desarrollo de políticas fiscales eficaces y sólidas, normas fiscales internacionales y orientaciones que permitan a los gobiernos prestar mejores servicios a sus ciudadanos, maximizando al mismo tiempo el crecimiento económico y alcanzando objetivos medioambientales y sociales. Su labor tiene por objeto permitir a los gobiernos de la OCDE y de los países asociados (es decir, no miembros) mejorar el diseño y el funcionamiento de sus sistemas fiscales nacionales, promover la cooperación y la coordinación entre ellos en el ámbito de la fiscalidad y reducir los obstáculos fiscales al comercio y la inversión internacionales.

el diseño, formulación y desarrollo de los nuevos estándares y normas fiscales internacionales, *ejecutando* los acuerdos políticos alcanzados a nivel internacional por el grupo de Estados del G-7 y del G-20[39]. En cuanto a los procesos de toma de decisiones, en la OCDE los países miembros desempeñan un papel importante en la elaboración de la política fiscal mediante la presentación de informes y la participación en grupos de trabajo, aunque la Secretaría de la OCDE es la principal responsable de la elaboración de los informes que sostienen las iniciativas políticas y la toma de decisiones.

91.   La OCDE empezó un proceso que ampliaba la base de los Estados participantes en el proceso de discusión de sus documentos y recomendaciones en materia tributaria con la fijación de las posiciones de los Estados no miembros en el Modelo de Convenio Tributario, tras las observaciones y reservas de los Estados miembros. Posteriormente, durante el ejercicio de análisis de los regímenes fiscales perjudiciales, intentó cercar las prácticas de los denominados paraísos fiscales estableciendo un régimen sancionador a las jurisdicciones no cooperativas que varió sus intenciones iniciales como consecuencia del proceso electoral norteamericano, virando hacia un modelo cooperativo, con la creación del Foro sobre Prácticas Tributarias Perjudiciales (*Forum on Harmful Tax Practices*)[40]. La OCDE estableció un marco general de medidas coordinadas de defensa al que podían asociarse las jurisdicciones no miembro y le atribuyó el mandato de evaluar y coordinar medidas tributarias existentes y propuestas. De la información disponible, es difícil establecer cuál es la naturaleza jurídica del Foro Global, aunque ha permitido mejorar las relaciones con los Estados no miembro y formular revisiones de regímenes tributarios de terceros países. El proceso, en conse-

---

Para ello, el mandato no limita la acción del CFA al desarrollo y facilitación de la negociación de convenios fiscales, sino también al diseño y administración de legislación interna relacionada, así como para apoyar el desarrollo de sistemas fiscales eficientes y equitativos, coherentes con la maximización del potencial de crecimiento de los miembros y socios de la OCDE, la adopción de políticas adecuadas para evitar la doble imposición internacional y contrarrestar la evasión y el fraude fiscales, o el fomento de la eliminación de medidas fiscales que distorsionan el comercio internacional y los flujos de inversión, o la promoción de la asistencia mútua inter-administrativa y la mejora de la eficiencia y eficacia de las administraciones fiscales.

Con dichos objetivos, se otorga al CFA el mandato de desarrollar normas, directrices y mejores prácticas en ámbitos en los que sea deseable la coordinación internacional y supervisar la aplicación práctica de las mismas y de otras recomendaciones.

[39]   En el caso de la OCDE, su mandato consiste en elaborar normas y directrices en diversos ámbitos fiscales, como la lucha contra la evasión fiscal, la cooperación fiscal internacional o el desarrollo de medidas para evitar la erosión de la base imponible y el traslado de beneficios (BEPS). Estas normas se elaboran mediante un proceso de consenso entre los países miembros de la OCDE y otros participantes.

[40]   El Foro tiene el mandato derivado de la Recomendación del Consejo de la OCDE para contrarrestar la competencia fiscal perjudicial de implementar las medidas relevantes que se identifiquen en el Apéndice, reportar periódicamente al Consejo de los resultados de su trabajo y de las propuestas relevantes para mejoras futuras derivadas de la cooperación para contrarrestar dichas prácticas, así como desarrollar el diálogo con Estados no miembros, con la finalidad de ayudar a estos países a familiarizarse con el análisis y las conclusiones del Informe y, en su caso, animarles a asociarse a las recomendaciones formuladas en el Informe.

cuencia, deriva de un desarrollo de automandato por parte de la propia OCDE que no necesitó el refrendo de la decisión a nivel interno o una atribución específica de dichas competencias al Foro.

92.   En el año 2000, la OCDE creó el Foro Global sobre Transparencia e Intercambio de Información para fines tributarios (*Global Forum on Transparency and Exchange of Information for Tax Purposes*), conocido como el Foro Global[41]. Se trata de otro foro multilateral compuesto tanto por Estados miembros de la OCDE como Estados no miembros. Inicialmente tenía como misión la elaboración de estándares sobre intercambio de información y de transparencia, pero tras la solicitud del G20 en 2009 se convirtió en una organización basada en el consenso en la que todos los miembros participan en pie de igualdad, *«on equal footing»*, abierta a la participación de cualquier Estado o jurisdicción, que se comprometa a poner en marcha los estándares de intercambio de información elaborados en su seno, participar en el proceso de revisión[42] y asumir el presupuesto correspondiente. En la actualidad, 147 jurisdicciones forman parte de dicho Foro. El Foro Global dispone de una estructura más desarrollada, con un Grupo director –*steering*– y un Grupo de revisión inter pares –*peer review*–. El Foro, dedicado al establecimiento y fijación de estándares de transparencia para las Administraciones tributarias, atribuye al Plenario la consideración de órgano decisorio, y reconoce que el Foro Global tiene capacidad para adoptar su reglamento interno de procedimiento, aunque carece de información pública sobre los criterios de fijación de la agenda, desarrollo de las sesiones y proceso de toma de decisiones. El Plenario nombra el Presidente y el Vicepresidente del Foro Global que actúan también con la misma consideración en el Grupo Director y el de Revisión. El trabajo del Foro Global se dirige y prepara por el Grupo Director, mientras que el Grupo de Revisión desarrolla la metodología y los términos de referencia detallados del proceso de revisión interpares, robusto y transparente, llevando a cabo, a su vez, dicha revisión.

93.   En relación con el Plan de Acción BEPS, la OCDE recibió el *mandato* de los líderes del G7 y del G20, que le encomendaron la tarea de desarrollar los acuerdos iniciales[43]. La cuestión principal de la trigésimo novena cumbre del G8 en Irlanda del

---

[41]   www.oecd.org/tax/transparency/abouttheglobalforum.htm. El Foro Global tiene como misión la de asegurar una implementación global rápida y efectiva de los estándares de transparencia e intercambio de información con relevancia fiscal, tanto automático como mediante requerimiento. Para la consecución de dicho mandato, contenido en C(2020)49 se le reconoce la capacidad de realizar el seguimiento de la aplicación de las normas, la realización de revisiones inter pares, el desarrollo de herramientas y la asistencia a los miembros para aplicar las normas de forma eficaz. Los procesos de seguimiento y revisión por pares serán ejercicios continuos. Las revisiones inter pares se publicarán, y también podrán publicarse otros informes o documentos del Foro Global, tras su adopción por el Foro Global. Se espera que las jurisdicciones apliquen las recomendaciones de sus revisiones e informen al Foro Global de las medidas adoptadas.

[42]   *OECD, Global Forum on Transparency and Exchange of Information for Tax Purposes, «Exchange of Information on Request*, Handbook For Peer Reviews 2016-2020».

[43]   Otros Foros Globales son el Foro Global en Precios de Transferencia, el Foro sobre Administraciones Tributarias, el FTA MaP Forum para el desarrollo de prácticas administrativas sobre desarrollo de

Norte en junio de 2013 fue la evasión fiscal, la transparencia y el reforzamiento de la gobernanza fiscal responsable. En su declaración final, la materia fiscal ocupó los puntos 23 a 31, refiriéndose a la sostenibilidad fiscal y la necesidad de hacer frente a la evasión y elusión fiscal, el reforzamiento del intercambio automático de información tributaria, la identificación del último beneficiario efectivo de las empresas, y la disposición y capacidad de los países en desarrollo para la recaudación tributaria y obtención de información, asumiendo su acción para restaurar la confianza en la equidad y efectividad de las reglas y prácticas tributarias internacionales, asegurando que cada jurisdicción fuera capaz de recaudar los impuestos debidos, incluyendo a los países en desarrollo para asegurar los beneficios del progreso establecidos en la agenda.

94.   El punto 24 de la Declaración constituye el elemento crucial que contiene el *mandato* explícito a la OCDE para el desarrollo de su acción contra la erosión de bases imponibles y el traslado de beneficios, y por su relevancia lo reproducimos:

> «Acogemos con satisfacción el trabajo de la OCDE para abordar la erosión de la base imponible y el traslado de beneficios (BEPS) por parte de las empresas multinacionales y destacamos la importancia de que la OCDE desarrolle un plan de acción ambicioso y exhaustivo para los Ministros de Finanzas y los Gobernadores de los Bancos Centrales del G20 en julio. Esperamos con interés las recomendaciones de la OCDE y nos comprometemos a adoptar las medidas individuales y colectivas necesarias. Acordamos trabajar juntos para abordar la erosión de la base imponible y el traslado de beneficios, y para garantizar que las normas fiscales internacionales y las nuestras propias no permitan ni fomenten que ninguna empresa multinacional reduzca los impuestos totales pagados trasladando artificialmente los beneficios a jurisdicciones de baja tributación. El trabajo en curso de la OCDE implicará un compromiso continuo con todas las partes interesadas, incluidos los países en desarrollo»[44].

95.   El G7 partía del reconocimiento del trabajo que se estaba desarrollando por la OCDE, animándole para «desarrollar» un plan de acción ambicioso y exhaustivo para el G20 y sus ministros de finanzas, encomendándole dicha tarea. Asumían de forma indirecta las recomendaciones que formulara la OCDE y expresaban un compromiso de adopción de medidas que se consideraran necesarias, tanto de forma individual –unilaterales– como colectivas –convenios, mejora de prácticas, procesos de revisión…–. Para ello los países miembros asumían el compromiso de trabajo conjunto

---

procedimientos amistosos, o el Advisory Group for Global Dialogue on Tax Matters (AGGDTM) (CTPA/CFA(2021)16).

[44]   Traducción propia del original en inglés, https://www.documentcloud.org/documents/716029-lough-erne-2013-g8-leaders-communique: «We welcome the OECD work on addressing Base Erosion and Profit Shifting (BEPS) by multinational enterprises and emphasise the importance of the OECD developing an ambitious and comprehensive action plan for the Finance Ministers and Central Bank Governors of the G20 in July. We look forward to the OECD recommendations and commit to take the necessary individual and collective action. We agree to work together to address base erosion and profit shifting, and to ensure that international and our own tax rules do not allow or encourage any multinational enterprises to reduce overall taxes paid by artificially shifting profits to low tax jurisdictions. The ongoing OECD work will involve continued engagement with all stake holders, including developing countries».

para abordar la problemática de la elusión y evasión fiscal internacionales, garantizando que ni las normas fiscales internacionales, *ni las normas nacionales* no permitieran ni fomentaran la reducción de impuestos *totales* por la *traslación artificial* de beneficios a jurisdicciones de baja tributación. Se partía por tanto de la premisa de la traslación artificial, y se asumía la existencia de un elemento –imposición total– que constituía el origen incipiente de una tributación mínima global. El G7 asumía, finalmente, la voluntad de obtener el compromiso –*engagement*– continuo con todas las partes interesadas, incluidos los países en desarrollo. Se hacía una mención especial a los países en desarrollo, con la vista puesta en lograr el compromiso, sin exigir de partida una igualdad de posiciones en cuanto a la iniciativa política –que parte, obviamente del G7– y en cuanto al planteamiento de alternativas y recomendaciones –que corresponde a la OCDE–[45].

96.   El G-7 y el G-20 han desempeñado un papel importante impulsando, con el apoyo político necesario, un acuerdo global que permitiera abordar los retos a los que se enfrentaban los sistemas nacionales de fiscalidad de las empresas frente a los regímenes fiscales preferenciales especializados y las complejas estrategias fiscales de las EMN. El acuerdo político al más alto nivel en las cumbres del G-7 y del G-20 encomendó el desarrollo de propuestas y medidas al Comité Fiscal de la OCDE que actuó como la rama ejecutiva que concretaba los diversos compromisos políticos. Para ampliar la base participativa y reforzar el respaldo de los acuerdos asumidos, se impulsó la creación del denominado Marco Inclusivo[46].

97.   El G7 es un foro político y económico intergubernamental que se integra por Alemania, Canadá, Estados Unidos, Francia, Italia, Japón y Reino Unido, teniendo la Unión Europea representación política permanente[47], y representa más de la mitad de la riqueza neta mundial y casi la mitad del producto interior bruto, aunque con un

---

[45]   En las siguientes cumbres, el G7 fue modulando el alcance del mandato y el nivel de compromiso. En la próxima Cumbre, en la Declaración de Bruselas de 5 de junio de 2014, punto 4, el G7 afirmó que:

«4. We agreed that 2014 will be the year in which we focus on substantially completing key aspects of the core financial reforms that we undertook in response to the global financial crisis: building resilient financial institutions; ending too-big-to-fail; addressing shadow banking risks; and making derivatives markets safer. We remain committed to the agreed G20 roadmap for work on relevant shadow banking activities with clear deadlines and actions to progress rapidly towards strengthened and comprehensive oversight and regulation appropriate to the systemic risks posed. We will remain vigilant in the face of global risk and vulnerabilities. And we remain committed to tackling tax avoidance including through the G20/Organisation of Economic Cooperation and Development (OECD) Base Erosion and Profit Shifting Action Plan as set out in the agreed timetable, and tax evasion, where we look forward to the rapid implementation of the new single global standard for automatic exchange of tax information. We call on all jurisdictions to take similar action».

[46]   https://www.oecd.org/tax/beps/inclusive-framework-on-beps-composition.pdf. *Vid.* CHRISTIANS, A. y APELDOORN, L. VAN, «The OECD Inclusive Framework», *BIT* 3-4/2018, págs. 226-233.

[47]   De forma temporal, Rusia tuvo la consideración de socio, aunque de miembro, desde 1997 a 2014, fecha en la que fue excluida tras la anexión de la península de Crimea.

peso decreciente[48]. Carece de secretaría u oficina permanente y dispone de una presidencia rotatoria anual, que establece las prioridades y la reunión de la cumbre. Por tanto no tiene una base legal internacional, aunque ejerce una influencia política internacional evidente como catalizador de iniciativas globales. Las críticas fundamentales se refieren a su representatividad parcial, y su capacidad de influencia global cada vez más limitada, con la ausencia de los poderes económicos globales emergentes, y la aparición de otras cumbres globales más representativas, como el G20[49].

98.   El G20, por su parte, es un foro intergubernamental fundado en 1999 que incorpora a 19 Estados soberanos, la Unión Europea y la Unión Africana[50], con la intención de hacer frente a diferentes crisis económicas, y lidiar sobre la estabilidad financiera y el desarrollo sostenible con el planteamiento de políticas económicas coordinadas y con una influencia global evidente. Tiene una composición más amplia que el G7, pero carece igualmente de poderes de ejecución y se le critica su membresía selectiva y su interferencia con otras instituciones internacionales existentes. El G20 carece de una secretaría permanente, aunque en ocasiones la OCDE ejerce dichas funciones[51].

[48]

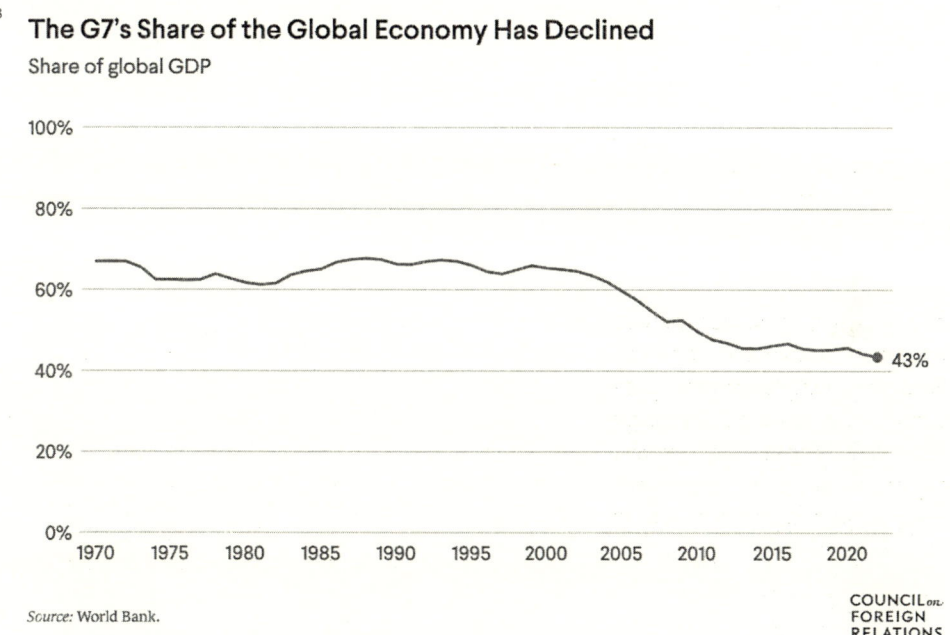

The G7's Share of the Global Economy Has Declined

Share of global GDP

Source: World Bank.

COUNCIL on
FOREIGN
RELATIONS

[49]   https://www.cfr.org/backgrounder/what-does-g7-do.

[50]   España tiene la condición de país invitado permanente, pero sin derecho a voto. Los miembros del foro son Australia, Canadá, Arabia Saudí, Estados Unidos, India, Rusia, Sudáfrica, Turquía, Argentina, Brasil, México, Francia, Alemania, Italia, Reino Unido, China, Indonesia, Japón y Corea del Sur.

[51]   WOUTERS, J. y VAN KERCKHOVEN, S., «OECD and the G20. An Ever Closer Relationship», *George Washington International Law Review*. 43 (2/2011), págs. 345-374. ISSN 1534-9977.

99. Con el fin de obtener una mayor representatividad, la OCDE lideró la creación del Marco Inclusivo –MI– basado en la inclusividad, el enfoque coordinado y la transparencia, que ha permitido ampliar la representatividad de los grupos que discuten y elaboran los estándares, normas, recomendaciones y directrices. La creación del Marco Inclusivo respondió, por tanto, a la necesidad de abrir el debate y la participación a un número mayor de Estados y jurisdicciones no miembros de la OCDE, aunque no la iniciativa política[52]. Se pretendía con ello asegurar una base suficiente de compromiso internacional con las medidas que se preveía desarrollar para la aplicación de los resultados alcanzados. A pesar de ese importante y muy relevante consenso internacional, algunos grupos, como el G-24, formado por diferentes países de África, Asia y América Central y del Sur, presentaron diversas propuestas alternativas para el debate frente a los documentos propuestos y sugeridos por la OCDE, a efectos de influenciar un posible consenso y el resultado final del mismo. Las principales críticas al proceso de apertura se refieren a la opacidad institucional y procedimental, a partir de una inclusividad aparente e insatisfactoria, tal como pone de manifiesto la reacción de muchos países, inicialmente alternativas y finalmente en el seno de la ONU.

100. La función encomendada al Marco Inclusivo fue la de establecer un marco internacional, de naturaleza intergubernamental, que sirviera de foro para facilitar el proceso de ejecución y aplicación de las medidas propuestas por el Plan de Acción BEPS a través de la participación de los Estados interesados, asistiendo a aquellos países con dificultades para la puesta en marcha de los acuerdos prioritarios del plan y concediendo aplazamientos e implementación diferida a los países que lo necesiten[53]. Asimismo, el foro intergubernamental permite obtener información para monitorear los esquemas de elusión fiscal, lo que permite ofrecer una continuidad sin objetivo final a su cometido. El Marco Inclusivo se formula como un foro con participación de los Estados integrantes en igualdad de condiciones, aunque de la información que se publica no es posible escrutar ni verificar los criterios de inclusividad que se toman en cuenta. En los siguientes apartados se volverá al análisis de dichos criterios de inclusividad y del significado de la expresión «en igualdad de condiciones» –*on equal footing*–.

2.2. LA UNIÓN EUROPEA

101. No puede olvidarse tampoco la creciente relevancia de la Unión Europea como verdadero actor fiscal internacional. La Unión Europea, a pesar de la plena competencia de los Estados miembros en materia de fiscalidad directa, ha desem-

---

[52] En el caso del Marco Inclusivo, las decisiones se toman por consenso entre los miembros, por lo que no existe un poder de veto formal. Sin embargo, el consenso puede ser difícil de alcanzar y algunos miembros pueden ejercer más influencia que otros en la toma de decisiones debido a su peso económico o político en la organización.

[53] www.oecd.org/ctp/first-meeting-of-the-new-inclusive-framework-to-tackle-base-erosion-and-profit-shifting-marks-a-new-era-in-international-tax-co-operation.htm.

peñado un papel significativo apoyando, complementando, aplicando y, por tanto, forzando la consecución de importantes consensos sobre el nuevo marco fiscal internacional.

102.   La Unión Europea siempre había chocado con la rigidez de sus normas fiscales, que establecían un mandato específico y fuertemente condicionado a las instituciones de la UE para aprobar y desarrollar medidas de armonización de la normativa de los Estados miembros en materia tributaria. El artículo 114.2 del TFUE mantiene la regla de la unanimidad para la aprobación de medidas relativas a la aproximación de las disposiciones legales, reglamentarias y administrativas de los Estados miembros en materia fiscal. Además, el TFUE condiciona el alcance del mandato a que el mismo tenga por objeto «el establecimiento y el funcionamiento del mercado interior».

103.   La emisión de la Recomendación 2012/772/UE de la Comisión, de 6 de diciembre de 2012, sobre planificación fiscal agresiva, supuso un importante cambio de tendencia en la acción política y normativa de la Unión Europea en materia tributaria internacional. Su acción se vio reforzada, de forma paralela, por la acción de la OCDE a nivel internacional, aunque manteniendo actuaciones y medidas propias y específicas, como, por ejemplo, el establecimiento de un impuesto de salida obligatorio en el ámbito del impuesto sobre sociedades —artículo 5 de la Directiva (UE) 2016/1164 del Consejo de 12 de julio de 2016, por la que se establecen normas contra las prácticas de elusión fiscal que inciden directamente en el funcionamiento del mercado interior, ATAD—.

104.   Con los cambios en el escenario internacional, la Unión Europea ha sido capaz de aprobar varias Directivas en materia tributaria y proponer otras tantas, a pesar de mantenerse la regla de la unanimidad. Destacan, sobre manera, la Directiva (UE) 2016/1164 del Consejo de 12 de julio de 2016, por la que se establecen normas contra las prácticas de elusión fiscal que inciden directamente en el funcionamiento del mercado interior, ATAD, o la Directiva (UE) 2022/2523 del Consejo de 15 de diciembre de 2022 relativa a la garantía de un nivel mínimo global de imposición para los grupos de empresas multinacionales y los grupos nacionales de gran magnitud en la Unión, o Directiva sobre el Pilar 2[54].

105.   La Unión Europea justifica dichas iniciativas y su encaje en el ámbito de actuación de las instituciones europeas del siguiente modo. En el caso de la Directiva ATAD se justifica sobre la «necesidad» de establecer normas que refuercen el nivel

[54]   Propuesta de Directiva del Consejo relativa a las empresas en Europa: marco para el impuesto sobre sociedades (COM(2023) 532 final). Propuesta de Directiva del Consejo por la que se establecen normas para evitar el uso indebido de sociedades fantasma a efectos fiscales y se modifica la Directiva 2011/16/UE (COM(2021) 565 final). Proposal for a Council Directive establishing a Head Office Tax System for micro, small and médium sized enterprises, and amending Directive 2011/16/EU (COM(2023) 528). Propuesta de Directiva del Consejo sobre precios de transferencia de 12 de septiembre de 2023 (COM(2023)529 final).

medio de protección contra la planificación fiscal «abusiva» en el mercado interior, quedando circunscritas a nociones de carácter general. «Este objetivo podría lograrse mediante el establecimiento de un nivel mínimo de protección frente a las prácticas de elusión fiscal en los sistemas nacionales del impuesto sobre sociedades en toda la Unión. Por tanto, es preciso coordinar las respuestas de los Estados miembros a la hora de aplicar los resultados de las quince acciones de la OCDE contra la BEPS, con el fin de mejorar la eficacia del mercado interior en su conjunto en la lucha contra las prácticas de elusión fiscal. Procede, por tanto, establecer un nivel mínimo común de protección del mercado interior en sectores específicos».

106.   Bajo el aparente establecimiento de un nivel mínimo de protección del mercado interior, la Directiva busca un nivel mínimo de protección de las bases imponibles y la capacidad recaudatoria de cada uno de los Estados miembros. Y lo hace no a partir del establecimiento de unas medidas mínimas de imposición o gravamen común de las rentas societarias, sino mediante el establecimiento de unos mínimos de reacción contra el abuso de una norma que no es de la UE, por definición, sino nacional de cada Estado miembro, como es el establecimiento de la base imponible del impuesto sobre sociedades de cada Estado miembro. La fijación del *uso correcto* de dicha norma tributaria corresponde a cada Estado miembro –rentas incluidas y excluidas, cómputo y atribución, nivel de gravamen–, pero los estándares de abuso de dichas normas tributarias internas y nacionales se fija como un mínimo común a nivel de la UE, forzando a los Estados a incorporar en sus normas internas dichos criterios mínimos de reacción contra el abuso fijado por la Directiva de la UE –cuestión distinta es la verificación del uso correcto o falta de uso mínimo por parte de las autoridades administrativas y judiciales de cada Estado miembro–. La lectura del artículo 3 de la ATAD confirma este objetivo, al permitir la aplicación de disposiciones nacionales o consensuadas dirigidas a «salvaguardar un nivel de protección más elevado de las bases imponibles nacionales del impuesto sobre sociedades». Precepto éste que deberá encajarse con las exigencias derivadas de la interpretación que el TJUE realiza de las libertades fundamentales –que no establece mínimos sino máximos de compatibilidad– y que no constituye el objeto del presente trabajo.

107.   Por otra parte, los Considerandos de la Directiva ATAD justifican el encaje competencial de la Directiva en el mandato que habilita el ejercicio de las competencias por parte de las instituciones de la Unión Europea a la necesidad de establecer mecanismos de coordinación de las respuestas de los Estados miembros a la hora de aplicar los resultados de las quince acciones de la OCDE contra la BEPS. Interesa detenerse siquiera sea brevemente en esta justificación.

108.   En primer lugar, la Unión Europea establece medidas de coordinación de una acción internacional de iniciativa más global, en cuyo impulso formó parte, como miembro del G20. Pero la acción que impulsa la Unión Europea es propia, por cuanto incorpora medidas que no se previeron en la acción BEPS –la ya mencionada imposición de salida– o con un alcance y efecto vinculante distinto, como el relativo a la limitación de intereses, o a las sociedades extranjeras controladas.

109. La relación entre las normas de Derecho de la Unión Europea y las recomendaciones formuladas en el seno de la OCDE sobre medidas de política tributaria adquieren una nueva dimensión con la implementación de las normas para garantizar una imposición mínima para las empresas multinacionales en el ámbito de la Unión Europea. Recomendación formulada por la OCDE que adquiere de nuevo el rango de norma obligatoria para los Estados miembros al aprobarse la Directiva 2022/2523. La Directiva establece en su considerando 11 que «[e]n lo que respecta a los impuestos cubiertos, la presente Directiva debe interpretarse a la luz de cualquier orientación adicional que proporcione la OCDE, que los Estados miembros deben tener en cuenta para asegurar una identificación armonizada de los impuestos cubiertos de todos los Estados miembros y jurisdicciones de terceros países».

110. Este considerando plantea importantes dudas de validez, por cuanto supedita la interpretación uniforme e independiente del Derecho de la Unión Europea por parte del TJUE a unos criterios que no han sido aprobados por la UE. El Tribunal de Luxemburgo no puede quedar vinculado por unos criterios que no son elemento integrante del Derecho de la UE ni forman parte de sus principios y criterios inspiradores.

2.3. LA ONU

111. La Organización de Naciones Unidas ha venido desarrollando también un papel importante en la generación del consenso internacional en materia tributaria. La aprobación del Modelo de Convenio de la Naciones Unidas para evitar la doble imposición internacional entre países desarrollados y países en desarrollo en 1980[55] significó la asunción, por parte de los países incorporados a la comunidad internacional tras el proceso de descolonización, de los estándares tributarios que había desarrollado la OCDE con algunas modificaciones y adaptaciones para reconocer una atribución de potestad tributaria más amplia en favor de las jurisdicciones de la fuente de las rentas. Previamente, la Comisión Fiscal de la ONU no había recibido el mandato de reconciliar la dualidad de Modelos de Convenio aprobados previamente por la Sociedad de Naciones, y durante la década de los cincuenta del siglo pasado la Comisión Fiscal fue perdiendo influencia y relevancia internacional en favor de la OCDE, que asumió la responsabilidad internacional de actualizar aquel trabajo inicial de la Sociedad de Naciones bajo la forma de un solo Modelo de Convenio, finalmente aprobado en 1977[56].

---

[55] Resolución 1273 de 4 de Agosto de 1967 del Consejo Económico y Social de la ONU, por la que se solicita al Secretario General la creación de un grupo de trabajo *ad hoc* de expertos y administradores tributarios nombrados por los gobiernos, pero actuando en su capacidad personal, tanto de países desarrollados como de países en desarrollo, con una representación adecuada de las diferentes regiones y sistemas fiscales, para explorar, mecanismos para facilitar la conclusión de convenios de doble imposición entre países desarrollados y países en desarrollo.

[56] TEO, N. J., *The United Nations in Global Tax Coordination*. Cambridge Tax Law Series. 2023.

112.   En 1968 se creó el Grupo Ad Hoc de Expertos en Tratados tributarios entre países desarrollados y países en desarrollo que posteriormente se convirtió en el Grupo de Expertos sobre Cooperación internacional en materia tributaria[57]. En 2004, el grupo de Expertos adquirió el rango de Comité de Expertos en Cooperación Internacional en materia tributaria[58], incrementando las reuniones y el número de subcomités. Durante las 28 reuniones mantenidas hasta la fecha, sin embargo, ha mantenido su composición –25 expertos y un número creciente de observadores– y su naturaleza –un comité *ad hoc* dependiendo del ECOSOC-DESA, compuesto por expertos que actúan en su capacidad personal y no en representación de los gobiernos que los nombran, sin tener la condición de órgano intergubernamental de la ONU–. La función que ha llevado a cabo ha sido muy relevante y variada, centrándose fundamentalmente en la elaboración y actualización del Modelo de Convenio Tributario[59]. Dicha naturaleza de órgano colegiado de representación personal determinaba que fuera el ECOSOC de la ONU el que tuviera la capacidad de formular las Recomendaciones pertinentes desde la perspectiva del derecho internacional.

113.   La relevancia internacional limitada de los grupos especializados en materia tributaria en el seno de la ONU puede verse modificada en el futuro a consecuencia de decisiones recientes adoptadas en su seno. La Resolución 77/244[60] de 30 de diciembre de 2022 de la Asamblea General de Naciones Unidas decidió comenzar debates intergubernamentales para fortalecer la inclusividad y la eficacia de la cooperación internacional en cuestiones de tributación. Se comenzaron a evaluar opciones internacionales, como el posible desarrollo de un acuerdo marco o instrumento de cooperación internacional mediante un proceso intergubernamental, teniendo en cuenta los mecanismos internacionales y multilaterales existentes. La decisión supuso un importante cambio de estrategia por parte de Naciones Unidas, al asumir la posibilidad de abrir un proceso de decisión intergubernamental, superando la estructura del Comité de Expertos, que se mantiene de forma paralela, basada en la formulación de recomendaciones y modelos a partir de la experiencia de sus miembros que participan en su condición personal y no representativa, a pesar de ser nombrados por los Estados.

---

[57]   En el caso de la ONU, la autoridad para proponer recomendaciones en materia tributaria es más limitada que en el de la OCDE. Aunque la ONU tiene un Comité de Asuntos Fiscales, su mandato se limita a servir como foro intergubernamental inclusivo y eficaz para la cooperación técnica en asuntos fiscales internacionales y como fuente de asesoramiento para los países en desarrollo y otros países en la elaboración de políticas fiscales y la creación de capacidad fiscal.

[58]   Resolución 2004/69 del ECOSOC.

[59]   El Modelo de Convenio de la ONU se ha actualizado en 2001, en 2011, en 2017 y en 2021. https://www.un.org/esa/ffd/wp-content/uploads/2014/09/UN_Model_2011_UpdateSp.pdf. Asimismo, la ONU elabora un Manual práctico sobre precios de transferencia – https://desapublications.un.org/publications/united-nations-practical-manual-transfer-pricing-developing-countries y un Manual sobre negociación de convenios tributarios – https://www.un.org/esa/ffd/publications/manual-bilateral-tax-treaties-update-2019.html.

[60]   https://documents.un.org/doc/undoc/gen/n23/004/53/pdf/n2300453.pdf?token=n7HNu3we9h-DdYbZEN9&fe=true.

La Resolución incorporaba un mandato –un automandato– para que el Secretario General preparara un informe que, a la vista de los instrumentos jurídicos internacionales existentes y recomendaciones sobre cooperación internacional en materia tributaria, se indicaran las medidas que se podrían tomar, como la creación de un comité intergubernamental especial de composición abierta dirigida por los Estados miembros que recomiende qué opciones elegir para fortalecer la inclusividad y la eficacia de la cooperación internacional en cuestiones de tributación.

114.   En el Informe de 26 de julio de 2023, A/78/235, para la Promoción en las Naciones Unidas de la cooperación internacional inclusiva y eficaz en cuestiones de tributación, el Secretario General proponía varias opciones para reforzar la cooperación internacional desde una perspectiva intergubernamental:

A. La firma de una convención multilateral sobre tributación, estándar, reglamentaria con declaración de objetivos y definición de los términos clave a partir de un acuerdo político sobre su necesidad, y sobre la existencia de un consenso acerca de los enfoques y el alcance de la convención, permitiendo el desarrollo rápido en cuestiones que suscitaran mayor acuerdo con acuerdos más específicos (por ejemplo, en materia de flujos financieros ilícitos).

B. La firma de una convención marco sobre cooperación internacional en cuestiones de tributación. Esta convención sería multilateral y jurídicamente vinculante, pero con naturaleza constitutiva, estableciendo un Sistema general de gobernanza internacional en cuestiones de tributación. La convención expondría los principios básicos de la cooperación internacional en materia tributaria, los objetivos, los principios y la estructura de gobernanza del marco de cooperación, creando en su caso un foro plenario de debate con capacidad y autoridad para aprobar nuevos instrumentos normativos. La convención marco podría complementarse con la firma de protocolos adicionales, reglamentarios con compromisos más detallados sobre temas concretos, abiertos a la decisión de los países de participar o no (por ejemplo, en materia de flujos financieros ilícitos).

C. La elaboración de una agenda multilateral no vinculante de acciones coordinadas, a nivel internacional, nacional, regional y bilateral sobre el mejoramiento de las normas y capacidad fiscales. Esta alternativa, supondría el desarrollo de un marco para la cooperación internacional con menor incidencia y grado de vinculación para los Estados, lo que permitiría un mayor vínculo de adhesión de una mayoría de países y, con ello, la consecución de los consensos políticos previos a la firma de acuerdos vinculantes.

114.   El informe del Secretario General de la ONU dio lugar, finalmente, a la aprobación de la Resolución 78/230, de 22 de diciembre de la Asamblea General de la ONU, sobre Promoción en las Naciones Unidas de la cooperación internacional

inclusiva y eficaz en cuestiones de tributación[61]. La Resolución 78/230 de 22 de diciembre de la Asamblea General de la ONU opta por la elaboración de una Convención Marco de las Naciones Unidas sobre cooperación internacional en cuestiones de tributación para reforzar la cooperación de forma inclusiva y más eficaz. La Resolución se enmarca en la Agenda de Acción Addis Abeba sobre Financiación para el Desarrollo y la Agenda 2030 para el Desarrollo Sostenible.

115.   Para ello, se estableció un Comité Intergubernamental especial de hasta 20 miembros, con representación geográfica equilibrada y equilibro de género, con igual representación para cada uno de los cinco grupos regionales[62] con el mandato de redactar los Términos de Referencia para una Convención Marco de las Naciones Unidas sobre Cooperación internacional en cuestiones de tributación y previó la finalización de su labor para agosto de 2024.

116.   El 7 de junio de 2024 se presentó la propuesta inicial de los Términos de Referencia (Zero Draft) al objeto de servir de punto de referencia en las discusiones en el seno del Comité Intergubernamental de la Convención Marco, actualizada el 19 de julio tras las más de 100 propuestas recibidas[63]. Una vez se aprueben los términos de referencia durante la sesión de agosto de 2024, se creará un Comité negociador con representación de diferentes Estados miembros, para proponer el texto del Convenio Marco y de los protocolos tempranos para su previsible consideración durante la Sesión 81.ª de la Asamblea General de la ONU en 2026. El Convenio marco fijará la estructura básica de la gobernanza mundial relacionada con la cooperación tributaria internacional, y a su vez deberá fijar la relación existente con otros instrumentos, recomendaciones y propuestas formuladas por otros agentes y organizaciones internacionales. Se prevé que de forma paralela se debatan y negocien algunos protocolos específicos adjuntos al Convenio marco, de entre la multiplicidad de temas seleccionados como prioritarios. La Resolución 78/230 condujo a la negociación a nivel intergubernamental del Proyecto de Términos de Referencia que, tras dos sesiones de negociaciones, y tras varios proyectos previos, fue aprobado el 16 de agosto de 2024. El segundo comité de la ONU (ECOSOC) votó estos términos de referencia el 27 de noviembre de 2024 (A/C.2/79/L.8/Rev.1). 125 países votaron a favor, 7 en contra –Estados Unidos, Reino Unido, Canadá, Australia, Israel, Japón, Corea, Argentina y Nueva Zelanda– y 45 abstenciones, que incluyen básicamente los países de la Unión Europea. Los apartados 2 y 5 de la Resolución se votaron de forma separada con el resultado de mantenerlos en la Resolución final. La Asamblea General de las Naciones Unidas votó el 24 de diciembre (A/79/435/Add.6) a favor de las resoluciones con el

---

[61]   La Resolución fue aprobada con el voto a favor de 111 miembros, 46 votos negativos y 10 abstenciones.

[62]   Los Grupos regionales son África, Asia-Pacífico, Europa oriental, América Latina y el Caribe, y Europa Occidental y Otros (incluyendo a Australia y Nueva Zelanda, y a Estados Unidos para votaciones, para el resto no pertenece a ningún grupo regional).

[63]   https://financing.desa.un.org/un-tax-convention/second-session-inputs.

resultado 119 a favor, 9 en contra y 43 abstenciones adoptando los Términos de Referencia.

117.   Según los Términos de Referencia aprobados por la ONU, se creará un Comité_intergubernamental hasta principios de 2025, con el mandato de negociar los términos de la Convención Marco Fiscal de las Naciones Unidas y dos Protocolos «tempranos» de forma paralela, durante un período de tres años, para poder finalizarlos en septiembre *de 2027*, para someterlos a la aprobación e implementación de la Asamblea General. Los considerandos suponen una autentica declaración de intenciones y un órdago a la grande a la acción previa llevada a cabo por otras organizaciones internacionales, aunque está por ver la efectividad de la declaración cuando los diferentes agentes muestren sus estrategias de negociación. Establecer un amplio listado de objetivos, principios y finalidades a desarrollar por la Convención Marco, así como desarrollarla de forma paralela con el tratamiento sustantivo de un número elevado de cuestiones de indudable interés para la comunidad tributaria internacional, sin tener asegurada la estructura bajo la cual deberían formularse las propuestas para dichos protocolos, ni la financiación adecuada para mantener este nivel intenso de debates –paralelo al que se mantienen en el seno de otras organizaciones– ni la decisión sobre qué criterios de decisión y propuestas deberían aplicarse al ser objeto de discusión, debate y negociación paralela, puede restar efectividad a dichos objetivos tan amplios.

118.   La aparición de la ONU con su interés por coadyuvar a fortalecer la inclusividad y la eficacia de la cooperación internacional en materia tributaria plantea, entre otras muchas cuestiones, la necesidad de verificar el modo en que los trabajos de la ONU van a integrarse, por un lado, con los de otras organizaciones que han ostentado el liderazgo en el desarrollo de dichas cuestiones, fundamentalmente la OCDE, si bien de forma delegada hacia el Marco Inclusivo; y por otro con el trabajo que viene desarrollando el Comité Fiscal de la ONU (Comité de Expertos en Cooperación Internacional en Materia Tributaria). La situación actual no permite prever si las relaciones entre los trabajos que se llevarán a cabo por ambas instituciones serán de cooperación y colaboración, si existirá algún grado de coordinación o incluso de integración, o si por el contrario se desarrollarán en planos paralelos con agendas y prioridades propias[64]. Parece, en cualquier caso, que la labor de dichos trabajos no consistirá únicamente en una adaptación y dependencia de las cuestiones marcadas y debatidas en el seno del Comité Fiscal de la OCDE o desarrolladas y consensuadas por parte del Marco Inclusivo.

---

[64]   En su punto 9, el Documento A/C.2/79/L.8/Rev.1 reconoce que el comité intergubernamental de negociación tomará en consideración la labor de otros foros pertinentes, las posibles sinergias y las herramientas, fortalezas, experiencia y complementariedades existentes en las múltiples instituciones implicadas en la cooperación en cuestiones de tributación a nivel internacional, regional y local. Sin embargo, debe decidirse todavía qué nivel de coordinación o correlación va a surgir entre las diferentes propuestas y organizaciones, aunque los países que no han mostrado su apoyo inicial al proceso ya han advertido de la ineficiencia derivada de la creación de trabajos paralelos duplicados o alternativos, siendo que, en la mayoría de las ocasiones, los representantes de las jurisdicciones participantes en el Marco Inclusivo en el proceso que se abre en la ONU van a ser los mismos.

119.   En cualquier caso, un modelo de gobernanza presidido por diversas organizaciones internacionales que reclaman, proponen, formulan y aprueban estándares paralelos y diversos puede coadyuvar a la formación de consensos regionales o sectoriales. Resulta difícil afirmar que la inclusividad debe conllevar la elaboración de consensos únicos y uniformes, a la vista de las dificultades en conseguir dicho consenso en algunos temas y puntos problemáticos y de conflicto –la tributación de las rentas generadas por la digitalización económica sería probablemente el más representativo–, más allá de las meras declaraciones formales que reúnen un apoyo político que no se concreta en acuerdos y criterios normativos concretos. Los resultados políticos de las últimas elecciones en Estados Unidos no auguran un consenso con el resto de Estados a nivel internacional[65]. Más bien, invitan a pesar en una polarización mayor, sino un enfrentamiento de concepciones que puede llevar al traste consensos aparentemente alcanzados en el seno de la OCDE, como el Convenio Multilateral sobre el Pilar 1 o incluso en relación con el Pilar 2, cuya implementación, en especial del impuesto sobre pagos infragravados puede conllevar la aplicación de medidas de reacción en los Estados Unidos por su consideración como impuesto extraterritorial[66].

120.   De ahí que sentar las bases de una gobernanza tributaria mundial más inclusiva, coordinada y transparente no necesariamente asegura un mayor grado de consenso en torno al resultado –que tanto puede depender de la capacidad geopolítica de bloqueo o neutralización de algún resultado u objetivo–, sino en articular mecanismos que garanticen y aclaren las vías de participación en el proceso de toma de decisiones y en la formulación de propuestas que puedan ser alcanzadas y puestas en práctica por un número suficiente de jurisdicciones de modo que se asegure la eficacia, efectividad y aceptación de la medida formulada.

121.   Sentada esta premisa, tampoco debería caerse en el error de considerar que basta con formular un mecanismo de formulación de estándares o propuestas en materia tributaria paralelas a las ofrecidas en el seno de la OCDE/Marco Inclusivo que obtenga un voto mayoritario en sede de las Naciones Unidas para garantizar la deseada inclusividad. Puede colegirse que la reacción en el seno de Naciones unidas obedece al malestar de varias jurisdicciones ante el proceso seguido por parte de la OCDE y del Marco Inclusivo en la consecución y actualización de determinados estándares tributarios internacionales. La garantía del acceso a la participación en igualdad de condiciones en el proceso no ha permitido superar las expectativas que algunas jurisdicciones tenían en relación con la defensa de sus intereses en sede supranacional. Las reglas sobre el proceso de formulación de propuestas, iniciativas, desarrollo de las mismas y aprobación correspondiente distan, asimismo, de estar prefijadas y ser públicas para su verificación.

---

[65]   Basta leer la declaración del presidente de los Estados Unidos tras su reciente nombramiento: https://www.whitehouse.gov/presidential-actions/2025/01/the-organization-for-economic-co-operation-and-development-oecd-global-tax-deal-global-tax-deal/.

[66]   Sobre la extraterritorialidad de algunas propuestas, *vid.* la Ley norteamericana FATCA.

122.   Sin embargo, la constatación por parte de algunas jurisdicciones de que el Marco Inclusivo no proporcionaba una inclusividad suficiente, que queda patente con el inicio del proceso alternativo en la ONU, no debe llevar a considerar *ipso facto* que dicho proceso constituye la alternativa más adecuada y la preferente, antes de que el proceso iniciado se consolide. La posibilidad de articulación y desarrollo de un foro abierto y plenamente participativo es preferible al que se desarrolla en el seno de una organización de membresía cerrada. Pero el efecto que puede producirse en la ONU es similar si observamos que la alternativa por la que se ha optado es la de establecer un proceso que exige la firma y aceptación de una Convención marco. Al optar por un proceso basado en Convenios, y no en uno basado en la Carta, no se garantiza el acceso e incorporación automática de todos los Estados miembros de la ONU, lo que puede dar al traste con las expectativas de inclusividad si un número importante de Estados decide no firmar o ratificar la Convención marco resultante del proceso inter-gubernamental que acaba de iniciarse. El proceso de negociación que se inicia ahora debe tomar en consideración las expectativas puestas en el medio o largo plazo en cuanto a la función que puede —y debe— desarrollar la ONU en el fortalecimiento de los estándares tributarios internacionales. Confiar el desarrollo del proceso a la obten-ción de resultados inmediatos —mediante la firma de Protocolos—, o al simple apoyo mayoritario basándose en los criterios generales de adopción de resoluciones por parte de la Asamblea General puede conducir a la proposición de soluciones mayoritaria-mente respaldadas, pero con un escaso nivel de efectividad y relevancia global. Y, al mismo tiempo, lejos de buscar la integración de todos los Estados miembros de la ONU en la búsqueda de soluciones integradoras, puede generarse una polarización mayor llegando incluso a la confrontación intra-jurisdiccional, entre lo que se deno-minan el *Global-North* y el *Global-South*.

123.   En cualquier caso, la evolución reciente de las propuestas que se han for-mulado en el seno del Marco Inclusivo pone de manifiesto que en determinados temas puede resultar muy difícil, si no imposible, lograr resultados de aceptación universal. Por ello, la flexibilidad con la que se articulen las propuestas de cooperación interna-cional en el seno de la Convención Marco puede resultar crucial para garantizar una consolidación de las mismas.

124.   Los Términos de Referencia de la ONU reconocen el derecho soberano de los Estados participantes a fijar sus políticas y prácticas tributarias, respetando al mismo tiempo la soberanía de otros Estados miembros en dichas materias como uno de los principios que deben inspirar la Convención Marco (punto 9.b). Las implica-ciones de dicho reconocimiento son difusas, aunque en principio pueden condicionar la acción de la Convención y de sus protocolos, fundamentalmente porque el «princi-pio» tiene dos dimensiones. Por un lado, el reconocimiento de la soberanía de los Estados miembros, que comporta la falta de carácter vinculante *per se* en las medidas que se formulen en el ámbito de la Convención Marco. Deberán ser los Estados los que con su acción posterior decidan activar su vinculación mediante el desarrollo de los mecanismos constitucionales e internos para el reconocimiento y asunción de obligaciones internacionales. Por otro lado, el significado del respeto por la soberanía

de otros Estados miembros resulta más difícil de colegir. Si se refiere a una autolimitación de las propuestas a realizar, cualquier mecanismo dirigido a corregir o eliminar la doble imposición internacional, por ejemplo, implica la limitación del ejercicio de la jurisdicción tributaria. Si se refiere a la necesidad de que no se promocionen medidas tributarias unilaterales que puedan suponer un ejercicio extraterritorial de la soberanía tributaria, la Convención limitaría la posibilidad de proponer medidas como el UPTR, o incluso el IIR o regla de inclusión de rentas, sobre la que se ha asumido sin fundamentación teórica su legalidad o encaje constitucional.

125.   En cualquier caso, y atendiendo a estos condicionantes puede considerarse que uno de los criterios que debe tener en cuenta la Convención Marco es el de la flexibilidad de sus propuestas. Dicha flexibilidad va a producir diferentes intensidades de integración supranacional o internacional o de coordinación en materia tributaria. Podría decirse que la articulación de las medidas propuestas y formuladas a partir de la Convención marco podría conducir hacia un multilateralismo plurinivel, derivado de la interacción de las medidas propuestas, su nivel de vinculación y el compromiso manifestado por los Estados participantes para vincularse por las mismas.

126.   Exigir una reconsideración de temas ya abordados a nivel internacional en atención al desacuerdo con el consenso finalmente alcanzado, por débil que sea, sin tomar en consideración estos aspectos previamente mencionados no garantiza –ni probablemente requiere– el desarrollo institucional –aunque sea mínimamente– de instrumentos de gobernanza tributaria internacional. Con ello no puede pretenderse asumir que el favorecimiento de una cierta institucionalización de la gobernanza tributaria internacional debe realizarse en función de una enumeración previa de materias que deberían ser objeto de análisis, pues el proceso de institucionalización debería servir, precisamente para poder garantizar a futuro que dicha fijación pueda realizarse con unos criterios preestablecidos, transparentes, inclusivos y conocidos. Ni tampoco proponer la formulación de soluciones únicas, globales, válidas y de aceptación por todas las jurisdicciones. El consenso internacional en materia tributaria puede requerir, e incluso aconsejar, la formulación de propuestas ajustadas e incluso desarrollos plurilaterales o asimétricos, en atención al nivel de consenso sobre la dimensión del problema, la necesidad de respuesta, el alcance de la misma y el grado de vinculación que exija [67].

2.4.   OTROS ORGANISMOS E INSTITUCIONES INTERNACIONALES

127.   Otros organismos e instituciones, como el FMI, los Foros Mundiales o la Plataforma de Colaboración en materia tributaria han desempeñado un papel de ayuda

---

[67]   De alguna manera, esta es la solución ofrecida por el denominado Instrumento Multilateral para la mayoría de propuestas que no constituyen estándar mínimo, pues la necesaria conformidad entre dos países firmantes de los convenios afectados, y las múltiples opciones y alternativas de decisión de los Estados firmantes del instrumento, convierten a dicho instrumento en un mecanismo multilateral de acción bilateral particularizada.

al desarrollo de consensos y orientaciones administrativas. Un análisis adecuado de la legitimidad de las funciones de los actores internacionales requiere verificar sus mandatos para desempeñar sus funciones y competencias, así como el proceso de toma de decisiones que se está utilizando para alcanzar el consenso internacional en esas organizaciones internacionales.

3. LA MATERIA OBJETO DE ANÁLISIS

128. La fijación de nuevos estándares tributarios internacionales también afecta a los paradigmas tradicionales de legitimidad en atención a la materia objeto de tratamiento por parte de las instituciones, organizaciones y foros internacionales.

129. En la configuración tradicional e histórica del ámbito de actuación de las instituciones internacionales, el objetivo de las mismas se centraba en la elaboración de (a) modelos tipo para la negociación y firma de convenios internacionales de naturaleza bilateral; (b) recomendaciones, comentarios e informes que sirvieran de guía, criterio de interpretación y comprensión de los modelos, a modo de derecho en agraz; y (c) convenios multilaterales para la firma y ratificación por parte de una pluralidad de Estados. La primera opción era el resultado de la elección del enfoque bilateral frente al multilateral para afrontar el problema de la doble imposición internacional y, posteriormente, la evasión y elusión fiscal internacionales, lo que permitía adecuar y ajustar un esquema previamente acordado a nivel internacional a las exigencias y preferencias políticas de dos Estados para concretar tras un proceso de negociación. La segunda opción servía para complementar las opciones primera y tercera, conformando una evolución de las normas –contenidas en el Modelo– tributarias internacionales que permitiera la formación progresiva del consenso internacional –con expresión de acuerdos y disensos–, así como la actualización o adaptación de las normas históricas a la realidad sucesiva cambiante. La tercera opción se había limitado a la elaboración de normas habilitantes para la cooperación y asistencia administrativa internacional en materia tributaria, fuera para el intercambio de información, para la recaudación de deudas tributarias o para mejorar la gestión y control tributario de las Administraciones tributarias.

130. En cualquier caso, el objeto material de análisis y actuación de los organismos internacionales en materia tributaria se delimitaba de una forma doble. En cuanto a la naturaleza de las normas, se limitaba al desarrollo de propuestas normativas internacionales, en forma de tratados o convenios internacionales –bilaterales o multilaterales– y de instrumentos complementarios que servían de apoyo a los mismos –modelos, comentarios, informes y recomendaciones, a modo de derecho en agraz–. En cuanto al contenido de las normas, se limitaban a la delimitación de ejercicio de las competencias tributarias cuando afectaban a situaciones transfronterizas para tratar de paliar los efectos perversos o considerados contraproducentes para el progreso y desarrollo económico –métodos y medidas para corregir la doble imposición (jurídica) internacional– o el correcto control tributario de las situaciones transfronterizas en

situaciones que excedían del alcance territorial de las competencias y potestades tributarias de las administraciones nacionales –asistencia administrativa– concediendo las oportunas habilitaciones normativas.

131.   Por tanto, la acción de las organizaciones y foros internacionales se orientaba a la ordenación del alcance transnacional del ejercicio de las potestades tributarias y de la trascendencia tributaria de las situaciones transfronterizas para cuando se generaran resultados adversos a objetivos aceptados, pero enfocando su actuación al desarrollo de propuestas normativas de naturaleza convencional, de derecho internacional. Esta propuesta no afectaba al ejercicio legítimo del poder tributario, que constitucionalmente se residencia en los respectivos Parlamentos u órganos representativos de los Estados. Por el contrario, incidía en la acción de política exterior que normalmente suele residenciarse en el poder ejecutivo –ex Art. 97 de la Constitución española como ejemplo–. Y que, en última instancia, debe ser refrendado y ratificado según el procedimiento constitucionalmente previsto en cada Estado para que las actuaciones desarrolladas por el ejecutivo sobre la base de los modelos y normas tributarias internacionales tradicionales pudieran integrarse en el ordenamiento jurídico interno con plenitud de eficacia y efectos.

132.   Estos parámetros no fueron objeto de un cambio brusco y repentino, sino que fueron modulándose y ampliándose fundamentalmente en los últimos 30 años, tras el fuerte impulso internacionalizador de la economía que supuso la liberalización de los movimientos internacionales de capitales y la eliminación progresiva de las políticas de control de cambios. La primera expansión se produjo en relación con la concreción de la habilitación normativa que el artículo 9 del Modelo de Convenio tributario otorgaba en favor de los Estados contratantes para ajustar la base imponible –rentas asignables– de las empresas asociadas por discrepancias con los resultados que habrían sido obtenidos entre entidades independientes conforme al principio de libre competencia. La OCDE fraguó un consenso sobre el alcance de dicha habilitación, así como la metodología que debían utilizar tanto los contribuyentes como las Administraciones tributarias para realizar los diferentes ajustes asumidos por dicho artículo 9 del Modelo de Convenio[68]. Las recomendaciones elaboradas por la OCDE afectaban a la correcta interpretación de preceptos de la normativa interna, pero que surgían de la necesidad de ofrecer una visión coherente y ordenada de la habilitación que se contenía en los Convenios tributarios –de doble imposición–, y en consecuencia podía –y debía– considerarse como un complemento de la interpretación convencional, en aras a evitar o prevenir aplicaciones del principio de plena competencia que generaran situaciones indeseadas de doble imposición derivadas de la habilitación convencional precisamente en uso de una habilitación convencional que tenía como finalidad, precisamente, el objetivo contrario.

---

[68]   OCDE. *Directrices de la OCDE aplicables en materia de precios de transferencia a empresas multinacionales y administraciones tributarias,* Instituto de Estudios Fiscales, Madrid. 2017.

133.   Las acciones para revisar, corregir y limitar la competencia fiscal perjudicial ampliaron el ámbito de actuación e incidencia de las organizaciones internacionales. Un camino paralelo recorrió la acción para revisar y reformular el alcance del secreto bancario en materia tributaria, con el fin de otorgar mayor efectividad al control tributario sobre situaciones e inversiones de naturaleza transfronteriza. Inicialmente, estas se limitaron a la aplicación del compromiso político respecto de los ordenamientos tributarios internos propios de Estados miembro o participantes y de jurisdicciones dependientes, pero tras alcanzar un consenso internacional de un número considerable de jurisdicciones, la acción se dirigió hacia la formulación de criterios para jurisdicciones terceras –no cooperativas–. La acción fue el resultado de la aceptación general de criterios de gobernanza tributaria que debían tener en cuenta las diferentes jurisdicciones en el ejercicio de sus competencias tributarias y en el desarrollo de sus sistemas y regímenes tributarios, por un lado, o de la acción de sus potestades tributarias y correspondiente delimitación de los derechos de los contribuyentes, por otro.

134.   El Plan de Acción BEPS supuso un reforzamiento de la capacidad de las organizaciones internacionales para incidir, afectar y modular las decisiones de política tributaria en el plano legislativo de los diferentes Estados y jurisdicciones. Bien es cierto que los consensos generados variaron la eficacia de las propuestas y recomendaciones con propuestas de diferente nivel de compromiso y eficacia jurídica, desarrollando una variedad importante de mecanismos que, aún englobados con la omnicomprensiva y resbaladiza figura del derecho en agraz –soft law– implicaban un nivel de compromiso político y jurídico diverso –recomendaciones, mejores prácticas, revisión de pares, propuestas alternativas de regulación, estándares mínimos–.

135.   En todo caso, es importante reseñar que dichos mecanismos de derecho en agraz se proyectaban no ya sobre los Convenios tributarios internacionales para los que el consenso reservó el denominado Instrumento Multilateral, con el que se pretendía incorporar las diferentes medidas y propuestas de naturaleza convencional de las diversas acciones del plan BEPS a los Convenios preexistentes de una forma rápida y eficaz, pero respetando en todo caso la voluntad de los Estados firmantes del Instrumento Multilateral que mantuvieron la capacidad para decidir su posición sobre el Instrumento incluso sobre medidas que tenían la consideración de estándar mínimo –firma, ratificación o no firma ni ratificación–, los Convenios preexistentes afectados o no por el Instrumento, así como una serie de opciones y reservas que ajustaban el Instrumento Multilateral a las necesidades unilaterales de los Estados signatarios que ratificaron el Instrumento, con una singular medida de no vuelta atrás o de renuncia a la aplicación de determinados compromisos del Instrumento expresada en su posición unilateral frente a dicho Instrumento en el momento de la firma.

136.   Por el contrario, las propuestas afectaban de lleno a la configuración de la legislación tributaria interna relativa a la imposición societaria, bien con medidas primarias o defensivas contra la desimposición, con mecanismos de limitación de la deducibilidad de intereses –no sólo transfronterizos–, la normativa sobre transparencia fiscal internacional, la reformulación de los criterios de revisión de las prácticas tribu-

tarias perjudiciales, o el establecimiento de una serie de obligaciones de información de diversa índole y alcance sobre operaciones y transacciones que podían afectar a la traslación de beneficios y a la erosión de bases imponibles. A pesar de que las medidas carecían de carácter vinculante, por carecer de competencia la OCDE y sus Foros para establecer dichas medidas que afectaban a la normativa tributaria interna y, con ello, a la acción y competencia inicial de los Parlamentos nacionales, la creación del Marco Inclusivo surge, precisamente, para *monitorizar* la implementación y puesta en práctica de las diferentes medidas recomendadas por el Plan de Acción BEPS por parte de los diferentes Estados.

137.   Algunas de estas medidas se postulan como desarrollo de los principios rectores del Plan de Acción BEPS –conciliar el derecho de gravamen con el lugar donde se genera valor y se llevan a cabo las actividades generadoras del beneficio para las MNE–. Sin embargo, algunas propuestas y recomendaciones no guardan un necesario encaje con dichos principios, como sucede con las medidas sugeridas para neutralizar los efectos perniciosos generados por las asimetrías y discordancias en la clasificación y tratamiento tributario de instrumentos y entidades –desimposición–. Y con ello se limita la posibilidad de decisión y de discusión a nivel interno las soluciones técnicas más convenientes por cada jurisdicción, a partir de una monitorización que presupone la existencia de una acción coordinada a nivel internacional para la que no se articuló un mandato específico por parte de los Estados que se someten al proceso de monitorización[69].

138.   La aprobación de las medidas para implementar y desarrollar el Pilar 2 como solución para garantizar la imposición mínima efectiva de los beneficios obtenidos por determinadas multinacionales supone una consolidación importante de la ampliación de *ámbito material de actuación e incidencia* de las propuestas de las organizaciones internacionales –en este caso, la OCDE– así como de su alcance y nivel de detalle, aunque no, por motivos obvios, de su eficacia jurídica directa.

139.   La aspiración a conseguir una imposición global mínima efectiva sobre la renta societaria se formula con el establecimiento de medidas unilaterales diversas y coordinadas, con las que se consigue una imposición mínima efectiva que actúa como suelo mínimo que limita la competencia fiscal entre distintas jurisdicciones. La idea subyacente consiste en que, si una determinada jurisdicción no establece un impuesto mínimo societario efectivo, otra jurisdicción puede recaudar la diferencia (*top-up tax*) hasta el mínimo a través de una imposición complementaria. Dicha posibilidad se articula mediante la aplicación de dos reglas tributarias internas que se aplican de forma coordinada. Por un lado, el posible establecimiento de un impuesto mínimo societario complementario y adicional por parte de la jurisdicción de la entidad matriz última –la regla de inclusión de rentas o IIR–, o a cualquiera de las jurisdicciones de las submatrices inferiores si las de las superiores no lo establecen. Dicho impuesto recaería sobre

---

[69]   BAKER, P., «Some Thoughts on Jurisdiction and Nexus». En *Current tax treaty issues*. 50th Anniversary of the International tax Group. IBFD. 2020, págs. 441-466.

el importe del exceso de beneficios de las filiales y establecimientos del grupo que no hayan soportado una tributación efectiva mínima del 15% en la jurisdicción donde se ubican. Por otra parte, la regla sobre beneficios insuficientemente gravados (*Undertaxed Profit Rule*, antes *Undertaxed Payment Rule*, UPTR), que permite a un país aplicar un gravamen complementario en la jurisdicción de la filial de la fuente/pagadora si la filial local realiza un pago a entidades que no soportan un impuesto mínimo en sede de la entidad matriz última[70], aplicado bien mediante la negativa a deducir el pago o mediante la imposición de una retención en la fuente. La aplicación de dichos impuestos complementarios y coordinados puede condicionar la efectividad de una parte considerable de los incentivos fiscales afectados en vigor en muchos ordenamientos tributarios y exige su reconsideración.

140.   Para ello, no exige ni impone el establecimiento de dicha imposición por parte de las jurisdicciones que han participado en su desarrollo –algo que sí se infiere de la aprobación de la Directiva 2022/2523 en la Unión Europea para los Estados miembros–. La imposición mínima efectiva se garantiza con su aplicación coherente con las reglas acordadas a nivel internacional de la normativa tributaria de un número suficiente de jurisdicciones que lo adopten –una masa crítica de países–, mediante la aplicación de las normas que reconocen –o mejor, se atribuyen– el derecho a la imposición de las filiales dependientes en la cadena de propiedad de las submatrices residentes en los países que establezcan el impuesto complementario.

141.   Lo relevante, en todo caso, a los efectos de la materia objeto de análisis es que las reglas propuestas contienen y desarrollan en detalle un modelo tributario no ya de un Convenio internacional, sino de una norma tributaria interna que debe establecer la imposición complementaria. El modelo tributario no sólo contiene las reglas en detalle de dicha imposición complementaria, sino también un desarrollo de criterios interpretativos de la norma modelo, así como una guía para la implementación de la norma modelo[71].

142.   De este modo, la OCDE se apropia del desarrollo y discusión de una norma tributaria cuya concreción y discusión corresponde inicialmente a los Parlamentos nacionales, A su vez, se atribuye la capacidad para desarrollar criterios interpretativos

---

[70]   OECD. *Tax Challenges Arising from the Digitalisation of the Economy-Commentary to the Global Anti-Base Erosion Model Rules (Pillar two. First edition)*, págs. 12-14.

[71]   OECD, *Statement on a Two-Pillar Solution to Address the Tax Challenges Arising from the Digitalisation of the Economy* (OECD publicado, 8 Octubre 2021). *Vid.*, también, OECD, *Statement on a Two-Pillar Solution to Address the Tax Challenges Arising from the Digitalisation of the Economy* (OECD publicado, 1 Julio 2021. OECD, *Tax Challenges Arising from Digitalisation of the Economy-Global Anti-Base Erosion Model Rules (pillar two)* (OECD publicado 20 Diciembre 2021). OECD. *Tax Challenges Arising from the Digitalisation of the Economy-Commentary to the Global Anti-Base Erosion Model Rules (Pillar two. First edition)* (publicado 14 Marzo 2022). OECD. *Tax Challenges Arising from the Digitalisation of the Economy – Administrative Guidance on the Global AntiBase Erosion Model Rules (Pillar Two).* (publicado 2 Febrero 2023, 17 Julio 2023 y 18 Diciembre 2023). OECD, *Globe Information Return* (publicado 17 Julio 2023). OECD, *Tax Challenges Arising from the Digitalisation of the Economy- Global Anti-Base Erosion Model Rules (Pillar II) Examples* (publicado 14 Marzo 2022). OECD, *Minimum Tax Implementation Handbook (Pillar Two).* (publicado 11 Octubre 2023).

al margen de la asignación y reconocimiento de dicha función interpretativa autónoma de las normas tributarias internas que resulta aplicable en sede interna –algo parecido ya pasó con la Ley 36/2006–, por no hablar de los mecanismos de control que constitucionalmente deben ejercer los Tribunales y que en España, en última instancia se atribuye al Tribunal Supremo. Y se opta por un mecanismo de solución de conflictos tributarios al margen de los mecanismos internos –y convencionales– de solución y prevención de conflictos tributarios.

143.   La expansión de las competencias materiales desarrolladas a nivel internacional por las organizaciones internacionales es evidente, por cuanto supone la elaboración de un modelo de impuesto interno completo. Y aunque no suponga la asunción de competencias que corresponden a los Parlamentos nacionales, en cuya sede reside, en última instancia, la posibilidad de aprobar o no dicha imposición complementaria, la capacidad de los Parlamentos nacionales para divergir o aprobar medidas tributarias alternativas –incluso en defensa de sus intereses nacionales o de su posición particular– es escasa y puede resultar difícilmente justificable, cuando no sujetas a la presión política internacional derivada del compromiso político previo y al margen de la manifestación de cualquier mandato por parte de los Parlamentos.

144.   Mayor incidencia y eficacia puede desplegar la elaboración de este modelo de imposición complementaria interna y unilateral sobre el ejercicio de competencias de los Parlamentos nacionales en materia de incentivos fiscales. Las normas del Pilar 2 no sólo combaten la erosión de bases imponibles o suponen una reacción contra la digitalización económica, sino que neutralizan la eficacia de determinados beneficios fiscales incorporados en las normas tributarias internas reguladoras de la imposición societaria, lo que obliga al replanteamiento de dichas políticas –y de las normas que la concretan– por parte de muchas jurisdicciones. La aprobación de las normas marco sobre el Pilar II por parte de la OCDE y el Marco Inclusivo aconseja que la mayoría de los Estados se replanteen su política de incentivos fiscales en atención a los efectos que los nuevos estándares tributarios internacionales pueden generar, optimizando los resultados a alcanzar con el desarrollo de su política tributaria.

145.   El G20 ha realizado recientemente una nueva propuesta, consistente en el establecimiento de un impuesto a los superricos, que algunos sectores han denominado como Pilar 3. En la Declaración Ministerial sobre Cooperación Tributaria Internacional del G20 de Brasil de 2024[72], el G20 anuncia los intentos de cooperación para *garantizar* que las personas con un patrimonio muy elevado sean efectivamente gravadas. El acuerdo es solamente un acuerdo de principios que anima a seguir debatiendo la cuestión en el G20 y en otros foros relevantes, contando con las aportaciones técnicas de las organizaciones internacionales pertinentes, el mundo académico y los

---

[72]   https://www.gov.br/fazenda/pt-br/assuntos/g20/declaracoes/1-g20-ministerial-declaration-international-taxation-cooperation.pdf. ZUCMAN, G., «A blueprint for a coordinated minimum effective taxation standard for ultra-high-net-worth individuals». Commissioned by the Brazilian G20 presidency. June 25, 2024.

expertos. El G20 anima al Marco Inclusivo sobre BEPS a que *considere la posibilidad de trabajar* sobre estas cuestiones en el contexto de políticas fiscales progresivas eficaces. Sin embargo, el G20 reconoce la posibilidad limitada de actuación en esta dirección, que debe partir del pleno respeto a la soberanía fiscal, lo que parece advertir una cooperación limitada al intercambio de buenas prácticas, el fomento del debate en torno a los principios fiscales y el diseño de mecanismos contra la evasión, incluida la lucha contra las prácticas fiscales potencialmente perjudiciales[73].

---

[73] En el marco de las discusiones de los Términos de Referencia de la futura Convención Marco de la ONU en materia de cooperación tributaria internacional, el desarrollo de un modelo de tributación sobre el patrimonio de los contribuyentes con un patrimonio muy elevado figura, asimismo, como una de las propuestas para desarrollarse, de forma prioritaria, a través de un Protocolo anexo y simultáneo a la firma y negociación del Convenio Marco.

CAPÍTULO 7

LAS DEMANDAS DE UNA MAYOR LEGITIMIDAD EN LA TOMA DE DECISIONES EN MATERIA TRIBUTARIA ACORDADAS POR LAS ORGANIZACIONES INTERNACIONALES

146. La doctrina científica ha analizado en época reciente los defectos del proceso de generación de normas y consensos internacionales en materia tributaria, contribuyendo con ello de forma significativa al análisis de las exigencias de legitimidad en el derecho fiscal internacional[74]. Este ejercicio es necesario para identificar posibles áreas de mejora del sistema en su conjunto, suponiendo que sea posible considerar el ordenamiento fiscal internacional como un sistema.

147. Para ello, es importante aclarar cuál es el significado que se da a la «legitimidad» de las normas fiscales internacionales y verificar los mecanismos utilizados por los países para respetar las preocupaciones nacionales en materia de legitimidad fiscal. Hasta la fecha, la mayoría de la doctrina había centrado sus esfuerzos en la mejora de la legitimidad *internacional* o desde esa perspectiva. Consideramos, sin embargo, que desde una perspectiva jurídica internacional, resulta más apropiado hablar de estrategias de legitimidad para mejorar los fundamentos de estas nuevas normas desde el punto de vista del proceso de toma de decisiones y de la equidad fiscal internacional –tanto entre naciones como entre contribuyentes–.

148. Por el contrario, la expresión legitimidad del sistema tributario internacional o de los nuevos estándares tributarios internacionales debería referirse al análisis del procedimiento de otorgamiento del mandato y alcance de la representación de los Estados ante las organizaciones internacionales, y el mecanismo de ratificación por

---

[74] Linda BROSENS y Jasper BOSSUYT, *Legitimacy in International Tax Law-Making: Can the OECD Remain the Guardian of Open Tax Norms?*, 12 World Tax Journal 313 (2020). RASMUS, C., *Christensen et al. At the Table, Off the Menu? Assessing the Participation of Lower-Income Coutnries in Glogal Tax Negotiations* (ICTD 2020). Alfredo GARCÍA PRATS, *The legitimacy of AEOI and Measures other than AEOI, in: New Exchange of Information versus Tax Solutions of Equivalent Effect*, 13 IBFD 133. Jennifer GRONAU & HENNING SCHMIDTKE, *The quest for legitimacy in world politics- international institutions' legitimation strategies*, 42 Review of International Studies 535 (2016). Irma J. MOSQUERA VALDERRAMA, *Legitimacy and the Making of International Tax Law: The Challenges of Multilateralism,* 7 World Tax Journal (2015). Irma J. MOSQUERA VALDERRAMA, *Output Legitimacy Deficits and the Inclusive Framework of the OECD/G20 Base Erosion and Profit Shifting Initiative*, 72 Bulletin for International Taxation 160 (2018). OZAI, I., «Institutional and Structural Legitimacy Deficits in the International Tax Regime», 12 *World Tax Journal* 53 (2022). BLANCHARD, K., «UPTR: An undemocratic vehicle to force GLOBE compliance». 109 *Tax Notes International* 6 March 2023, pág. 1219.

parte de los Parlamentos nacionales. Dicha investigación debe incidir en el análisis de la salvaguarda de los parámetros constitucionales que requiere la salvaguarda de la legitimidad de las normas tributarias resultantes, especialmente en aquellos países, como el nuestro, regidos por el respeto al mandato democrático. Por tanto, debe verificarse si en la esfera nacional, el poder ejecutivo necesita actuar algún mecanismo de reconocimiento del mandato otorgado a los representantes y de la expresión de condicionantes, límites o rendición de cuentas, al objeto de verificar si se ha procedido a una correcta defensa del interés general del Estado, por un lado; y por otro, si existe capacidad para reaccionar frente a los acuerdos que se obtengan en el seno de los foros y organizaciones internacionales en aquellas situaciones en las que la manifestación del compromiso internacional por parte de los representantes estatales no se vea refrendada o respaldada en sede parlamentaria.

149. Para el análisis de derecho comparado nos servimos de las conclusiones alcanzadas en el estudio y análisis de derecho comparado realizado por el consorcio universitario Eucotax[75].

---

[75] Eucotax-Wintercourse. *Decision-making processes of international initiatives on tax and their impact on legitimacy at national level (OECD, UN, soft law, public consultations, tax treaty policy reports, etc).* (coords.: García Prats, F. A. y Hongler, P.) *Final Report.* 2023 (en prensa). El informe es el resultado del análisis comparado de los sistemas tributaries de Francia, Austria, Suecia, Alemania, España, Estados Unidos, Polonia, Bélgica, Italia, Países Bajos y Suiza.

CAPÍTULO 8

EL SIGNIFICADO DE LA LEGITIMIDAD «INTERNACIONAL»

150. La literatura fiscal ha abordado las cuestiones de legitimidad relativas a los nuevos paradigmas fiscales internacionales desde diferentes perspectivas, pero centrándose principalmente en la justificación del derecho a gobernar por parte de las organizaciones internacionales que establecen el «nuevo orden fiscal internacional». La mayoría de los autores distinguen entre legitimidad de entrada y legitimidad de salida o de resultado. Sin embargo, en el estado actual de desarrollo de las normas tributarias y de las normas de gobernanza global tributaria, consideramos que resulta más apropiado referir la legitimidad *strictu sensu* al análisis de los parámetros de legitimidad y legalidad constitucional de dichos paradigmas, y referir el primer análisis que engloba tanto la legitimidad de entrada como la legitimidad de salida a estrategias de legitimación del proceso internacional de toma de decisiones de naturaleza tributaria.

1. LEGITIMIDAD DE ENTRADA

151. La legitimidad de entrada se refiere a la configuración de los criterios que rigen y guían el proceso de toma de decisiones. Se incluye en este ámbito el análisis del proceso de participación en la formulación y elaboración de normas (internacionales).

152. Desde esta perspectiva, la principal crítica al proceso de formulación de los nuevos paradigmas internacionales se refiere a la desigual participación e implicación de los países en la formulación y debate de las nuevas normas fiscales internacionales, que podríamos denominar inclusividad. En términos conceptuales, la legitimidad de entrada cuestiona y verifica la norma de legitimidad interna en términos de garantía democrática de las normas fiscales.

153. La doctrina confirma principalmente que las normas internacionales de fijación no pueden juzgarse en función de una institución democrática (nacional) ideal; y al mismo tiempo considera incorrecto permitir que sólo los países democráticos participen en el proceso de toma de decisiones a nivel internacional. A pesar de que a nivel internacional no resulte posible tomar en consideración los valores y principios que impregnan e inspiran los sistemas fiscales de los países occidentales, resultaría de gran interés verificar las implicaciones que derivarían de proyectar sobre dicho proceso las exigencias derivadas de la Declaración Universal de los Derechos Humanos. En

ella se contienen principios con una importante proyección tanto en el ámbito de los ingresos fiscales como en el de los gastos fiscales[76].

1.1. CRÍTICAS Y EVOLUCIÓN

154.   En este ámbito se han producido importantes críticas doctrinales por la falta de inclusividad de todos los países de la comunidad internacional en la toma de decisiones que directa o indirectamente van a terminar afectándoles. Las críticas se refieren no sólo a la participación formal, o a la posibilidad de participar o de asumir los resultados, sino a la limitada capacidad de acción que se reconoce a algunas jurisdicciones: tanto por lo que se refiere a la iniciativa, a la decisión en torno a la conformación de la agenda política tributaria internacional, a la formulación de iniciativas y propuestas para el debate, a la participación en el debate, a la participación en la toma de decisiones, no limitada a la simple ratificación o adhesión al resultado, o incluso, de forma más general, a la ausencia de capacidad técnica para poder asumir una posición de defensa de sus intereses generales nacionales/estatales en el proceso de toma de decisiones.

155.   A pesar de las críticas, es evidente que el proceso de toma de decisiones tributarias a nivel internacional ha mostrado importantes mejoras en cuanto a la inclusividad y expansión de la (posibilidad de) participación de un número creciente de Estados, no estando limitado únicamente a los países tradicionalmente considerados desarrollados. Aun así, las críticas por la insuficiencia de los avances son constantes en la doctrina y a nivel político ha generado una reacción de consecuencias todavía desconocidas. A pesar del consenso político internacional que se expresó por los países integrantes del Marco Inclusivo al acuerdo del G20 sobre los dos pilares para actualizar los estándares tributarios internacionales de julio de 2021 la reacción manifestada en la Asamblea General de la ONU desde 2022 pone de manifiesto que el compromiso político existente no se había conducido y desarrollado según las expectativas de bastantes Estados y jurisdicciones.

156.   El proceso gestado con la Resolución 78/230 de la Asamblea General de la ONU puede servir para reforzar la gobernanza tributaria mundial con instrumentos y procesos más transparentes, inclusivos y legítimos, aunque existen riesgos de que se produzca una mayor polarización de los debates que aleje de los consensos tributarios internacionales deseables.

157.   El análisis del proceso de toma de decisiones debe considerar los criterios que determinan la participación de los Estados afectados, su representatividad, el alcance de su participación en la iniciativa, debate, desarrollo y proceso decisorio o los criterios de selección y agrupación de dichos países en los organismos de decisión.

---

[76]   Resultará de interés analizar cómo termina proyectándose su exigencia y verificación en la futura Convención Marco de la ONU, atendiendo a su consideración y relevancia según se destaca en los términos de referencia que se están discutiendo para sentar las bases de su contenido.

158.   Las principales críticas en este ámbito se dirigieron a constatar que la OCDE, encargada de liderar el proceso de actualización de los estándares tributarios internacionales, no contaba con el nivel de representatividad mundial suficiente –en la actualidad son treinta y ocho los países miembros– y que, por tanto, las propuestas que formulara no son representativas de la diversidad, pluralidad y singularidad de intereses que la comunidad internacional de Estados plantea y necesita. La crítica se realiza en un momento puntual concreto, obviando que el protagonismo institucional de la OCDE en la formación de los estándares tributarios internacionales no supuso ningún cambio específico a la realidad previa. De hecho, fue la experiencia técnica adquirida en las décadas anteriores la que aseguraba su mejor posición como institución encargada del desarrollo de dichos estándares internacionales. La relevancia del cambio no reside, por tanto, a nuestro juicio, en la pérdida de legitimidad de la institución internacional encargada de formular los estándares ni en una falta comparativa de aceptación de sus resultados, por una falta de adecuación técnica de las propuestas. Por el contrario, el cambio significativo reside en el alcance y contenido de las propuestas, recomendaciones y modelos, al superar las indicaciones sobre normas de naturaleza internacional para condicionar o proponer propuestas de política tributaria interna, mediante la elaboración de modelos impositivos que sugieren la aprobación de determinados impuestos, siquiera de naturaleza complementaria, o la anulación de la eficacia de determinados incentivos fiscales, por otra.

159.   Los intentos de la OCDE por contrarrestar la crítica de la falta de inclusividad alentaron la creación del Marco Inclusivo, establecido en 2016 y que en la actualidad cuenta con 145 países miembros. Su creación tuvo lugar tras la finalización de los estudios de las quince acciones del plan BEPS para garantizar que los países y jurisdicciones interesados, incluidas las economías en desarrollo pudieran *participar* en condiciones de igualdad –*equal footing*– en el desarrollo de estándares sobre cuestiones relacionadas con la erosión de la base imponible y el traslado de beneficios, revisando y fiscalizando al mismo tiempo la implementación del Proyecto BEPS de la OCDE y el G-20.

160.   Esta ampliación de los Estados *participantes*, e incluso la preocupación de la OCDE por adaptar el desarrollo de la ejecución del plan a la realidad específica de los países en desarrollo[77] sigue centrando parte de las críticas desde la perspectiva de la legitimidad de entrada –inclusividad–, por el alcance limitado de las «condiciones de igualdad». Las condiciones de igualdad se predican de la participación en las sesiones de debate, pero no alcanzan más allá. Los países incorporados al Marco Inclusivo siguen sin ser miembros de la OCDE. Pueden participar en condiciones de igualdad en los debates, pero no condicionan los debates, que se ordenan por el secretariado, ni tienen capacidad para modular o condicionar la agenda con la formulación de propuestas e iniciativas propias. Por otra parte, la participación en el Marco Inclusivo está condicionada a la aceptación previa de los resultados alcanzados en el Plan de Acción

---

[77]   G20/OECD *Roadmap on Developing Countries and International Taxation. OECD Report for the G20 Finance Ministers and Central Bank Governors.* Octubre. 2022. Indonesia.

BEPS y en las medidas que se proponen para corregir la erosión de bases imponibles y la traslación de beneficios. Con ser problemas que también les afectan, en mayor o menor medida, no pudieron formular propuestas ni alternativas para su consideración[78].

161.	En consecuencia, las principales críticas se dirigen a revisar las «condiciones de igualdad» que se postulan como presupuesto de actuación del Marco Inclusivo, y al presupuesto de incorporación. Los países sólo pueden ser miembros del Marco Inclusivo si asumen el compromiso de adoptar las medidas derivadas del Plan de Acción BEPS –en cuya elaboración y decisión no han participado–. Ello es así puesto que la participación se facilitaba una vez finalizado el proceso de debate y desarrollo de las medidas incluidas en las diferentes acciones del plan BEPS. Su participación se limitaba al desarrollo de las medidas de implementación o puesta en práctica de las decisiones tomadas con anterioridad, así como a la revisión y fiscalización de dicho proceso. En realidad, constituía un aliciente para conseguir un mayor número de países que se incorporaran al Instrumento Multilateral.

162.	Asimismo, el Marco Inclusivo y sus Grupos de Trabajo son los encargados del desarrollo de las labores técnicas que permitan el desarrollo del Pilar 1 y del Pilar 2, aunque bajo la dirección de su equipo directivo y de la Secretaría de la OCDE. La Declaración del Marco Inclusivo de la OCDE-G20 de 1 de julio de 2021 muestra el apoyo de una gran mayoría de sus países integrantes al Acuerdo de 5 de junio de 2021 del G-7 sobre el establecimiento de un gravamen mínimo efectivo del 15% sobre la base país por país y sobre la importancia del acuerdo en paralelo de ambos pilares.

163.	Por ello, la OCDE, el Marco Inclusivo y el G-20 han seguido trabajando en pos de la ampliación progresiva de las funciones encomendadas al Marco Inclusivo[79], si bien se limitan a tomar en consideración las necesidades específicas de dichos países para incorporarse al Marco Inclusivo y para poner en marcha los compromisos que dicha incorporación comporta, en facilitar el progreso en la eliminación de las prácticas fiscales perniciosas, o en adecuar las dificultades de implementación de los compromisos asumidos –en especial la obligación de suministrar información país por país– y *la implementación de las normas del Pilar 2,* a partir del desarrollo de la capacidad administrativa para su gestión y aplicación.

164.	El descontento y las críticas por la manera en la que se ha *internacionalizado* el proceso de puesta en marcha de los estándares y compromisos tributarios interna-

---

[78]	El funcionamiento de las discusiones en el seno del CFA de la OCDE impide conocer la capacidad de iniciativa que tiene cada uno de los Estados miembros de dicha organización y si para ello se respeta también esa «igualdad de condiciones» entre los Estados miembros, o si, por el contrario, la iniciativa la gestiona el Secretariado. No existe información pública disponible sobre los criterios de organización y debate de las propuestas en su seno.

[79]	OECD, *Developing countries and the OECD/G-20 Inclusive Framework on BEPS.* 2021.
G20/OCDE. *Roadmap on Developing countries an international taxation.* 2022. G-20/OCDE. *Roadmap on Developing countries and international taxation.* Update 2023. 2023.

cionales han ido en aumento, tanto entre algunos Estados, como por parte de la doctrina científica. Entre los primeros, destacan las críticas formuladas por el denominado G24[80]. El G24 es un grupo intergubernamental que ha manifestado su posición divergente en torno a las propuestas que concretan el acuerdo sobre los dos pilares: desde (a) el enfoque unificado para el nexo y la atribución de beneficios en el pilar 1, o la preferencia del sistema de resolución frente al de prevención de disputas, asumiendo la existencia de alternativas convencionales y extra-convencionales, como las fórmulas de reparto de beneficios[81]; sobre el ámbito subjetivo del pilar 1 y los criterios que lo definen, o la eliminación del límite mínimo de ingresos para la aplicación de la regla de inclusión de rentas[82]; la vinculación de la aplicación del Pilar 1 y la generación de rentas suficientes con la eliminación unilateral de los impuestos sobre servicios digitales[83]; o la concreción de los impuestos afectados por el compromiso político de eliminación o no aprobación de nuevos impuestos sobre los servicios digitales[84], entre otros.

1.2. SISTEMATIZACIÓN DE LAS CRÍTICAS DOCTRINALES

165.   En el plano doctrinal, las críticas se concentran en los siguientes aspectos:

166.   *Falta de representatividad –inclusividad–*. Se cuestiona la falta de representatividad e inclusividad de las organizaciones que hasta la fecha han asumido la responsabilidad de formular y desarrollar los estándares tributarios internacionales. A pesar de los esfuerzos por ampliar la participación de terceros Estados, esta participación resulta desigual e insuficiente para asegurar una posición de igualdad en el desarrollo de los estándares tributarios, sin que pueda limitarse a la simple participación en igualdad de condiciones.

167.   En la formulación de dicha crítica[85], debe tenerse en cuenta que el mandato por el que se articulan las actuaciones de las organizaciones internacionales –aún en

---

[80]   Los países integrantes del G24 son Argentina, Argelia, Brasil, Colombia, Congo, Costa de Marfil, Egipto, Etiopía, Filipinas, Gabón, Ghana, Guatemala, India, Irán, Líbano, México, Nigeria, Paquistán, Perú, Siria, Sri Lanka, Sudáfrica, Trinidad y Tobago.

[81]   https://g24.org/comments-of-the-g-24-on-the-oecd-secretariat-proposal-for-a-unified-approach-to-the-nexus-and-profit-allocation-challenges-arising-from-the-digitalisation-pillar-1-2/.

[82]   https://g24.org/comments-of-the-g-24-on-the-pillar-one-and-pillar-two-proposals-being-discussed-by-oecd-g20-inclusive-framework-on-beps/.

[83]   https://g24.org/comments-of-the-g-24-on-the-statement-on-a-two-pillar-solution-to-address-the-tax-challenges-arising-from-the-digitalisation-of-the-economy-agreed-by-134-jurisdictions-of-the-inclusi-ve-framework-on-th/.

[84]   https://g24.org/wp-content/uploads/2024/06/Comments-of-the-G-24-on-the-Progress-Report-on-Amount-A-of-Pillar-One.pdf.

[85]   Parte de la crítica proviene de organizaciones del tercer sector –organizaciones no gubernamentales– como Oxfam, Tax Justice Network, o Global Alliance for Tax Justice, que reclaman una mayor presencia en los procesos de formulación, desarrollo y debate de propuestas que sirvan para conformar y actualizar los estándares tributarios internacionales.

materia tributaria– son distintas de los mandatos que encomiendan a los Parlamentos nacionales la regulación de la materia tributaria –*no taxation without representation*–. Sin embargo, debe tenerse presente que, en última instancia, dicha exigencia interna debería salvaguardarse en todo caso, y el escalado de la toma de decisiones a un nivel supranacional no debería derivar en una minusvaloración o depauperación de las exigencias asociadas al principio democrático por excelencia.

168. *Falta de transparencia.* Desde esta perspectiva, se critica la opacidad y la falta de criterios o normas claras, públicas, y preestablecidas sobre la toma de decisiones en materia tributaria internacional. La opacidad en ocasiones afecta no sólo a la decisión final de proceso sino a la formulación de iniciativas. La opacidad dificulta el conocimiento de los detalles, el proceso que lleva a adoptarlos y la imposibilidad de verificar si fueron tomadas en respuesta y defensa de los intereses generales o de algunos intereses particulares. Las críticas se deslizan hacia el sesgo de las propuestas que son debatidas y finalmente decididas y la falta de respeto a la pluralidad de intereses de los Estados de la comunidad internacional.

169. *Falta de efectividad de las decisiones.* Aunque dicha crítica afecta a la denominada legitimidad de salida, se critica que alguna de las propuestas formuladas no va a contar con el reconocimiento suficiente para ser aplicadas por no responder a la necesidad de algunas jurisdicciones ni contar con el consenso deseable para su asunción.

170. *Falta de capacidad.* En muchas ocasiones, la desigualdad de los diferentes países ante el desarrollo de los estándares no deriva únicamente de la configuración de las normas que configuran el proceso decisorio, sino que trascienden a dicha realidad y afectan a la capacidad real –o irreal– de muchas jurisdicciones de poder participar en igualdad de condiciones. Se hace referencia a la imposibilidad material de acceder a los foros internacionales decisorios, bien por dificultades económicas, bien por falta de capacitación técnica o por imposibilidad de asignar el personal necesario y mínimo para poder desarrollar dichas tareas. De ahí que aquellas propuestas que inciden en la mejora y refuerzo de la capacitación de las jurisdicciones que experimentan dicha dificultad constituyen una acción material que más allá de la formulación de soluciones técnicas adecuadas, resultan imprescindibles y previas para poder asumir una asunción más equitativa de la participación en igualdad de condiciones.

171. *Rendición de cuentas.* A estas posiciones y críticas cabe añadir un aspecto no menos importante. Con carácter general, las iniciativas políticas que un gobierno lleva a cabo como mecanismo de política económica/tributaria deben ser presentadas ante el Parlamento y superar los requisitos de normatividad que las normas de cada país establezcan. Se establece, de este modo, un proceso de rendición de cuentas que tiene su fundamento último en la legitimidad que se deriva para la estructura del sistema de fuentes del ordenamiento tributario del principio democrático.

172. Este proceso de rendición de cuentas a nivel internacional se supera con la aprobación de la norma o instrumento de acuerdo con el mecanismo previsto internacionalmente. Sin embargo, dicho proceso no debería comportar una exclusión o

excepción a la necesidad de superación de los procedimientos constitucionalmente exigidos de rendición de cuentas que se establecen a nivel nacional por la sola razón de la escalación de la consideración de la materia a un estadio, organización o institución supranacional. El proceso es relevante en relación con el contenido de las normas o modelos de normas internacionales –convenios o tratados– que se elaboran y desarrollan por parte de las organizaciones internacionales.

173.   Pero se torna más relevante si cabe ante el proceso analizado de actuación y toma en consideración por parte de organizaciones, foros e instituciones internacionales de normas y medidas tributarias puramente internas, en las que se deja a los Parlamentos nacionales poco margen de actuación/decisión o incluso se somete a dichos Parlamentos a un proceso de verificación de la correcta transposición de un mandato o cesión de competencias al organismo o foro internacional inexistente.

1.3.   ¿EL DESARROLLO DEL PROCESO INTERGUBERNAMENTAL EN LA ONU COMO SUPERACIÓN DE LA FALTA DE LEGITIMIDAD?

174.   Ante dichas críticas, tanto los países críticos con el modo de proceder como los autores que han tratado el tema consideran que la Organización de Naciones Unidas está dotada de mayor legitimidad –inclusividad– para abordar los temas tributarios de relevancia internacional y para establecer un sistema de gobernanza tributaria internacional más inclusivo.

175.   Sin embargo, otros autores critican la inadecuación de la ONU para albergar y asumir dicha responsabilidad. Se pone de manifiesto, fundamentalmente, su falta de experiencia y capacitación técnica, así como su falta de disponibilidad presupuestaria lo que dificultaría poner en marcha un programa tan ambicioso y exigente desde la perspectiva técnica. Se critica asimismo la necesidad de no generar duplicidades innecesarias y, en consecuencia, se formula la necesidad, la oportunidad y la conveniencia de delimitar la actuación de las nuevas organizaciones internacionales «emergentes» con el trabajo, las tareas y los mandatos ya asumidos por las organizaciones previas, como la OCDE o el Marco Inclusivo.

176.   En este sentido, la Organización de Naciones Unidas, y en concreto su Asamblea General adoptó el 30 de diciembre de 2022 una resolución sobre la Promoción de la Cooperación Fiscal Inclusiva y Eficaz en las Naciones Unidas (Resolución 77/244) en la que, tras reafirmar los compromisos internacionales que intensifican la cooperación fiscal internacional y la lucha contra la evasión y la elusión fiscales agresivas, propone la creación de un debate intergubernamental en Naciones Unidas para reforzar el carácter inclusivo y la eficacia de la cooperación fiscal internacional. En dicho documento ni exige ni descarta un marco de cooperación fiscal internacional a través de un proceso intergubernamental de la ONU que supere el marco del actual Comité de Expertos en cooperación internacional en materia tributaria (Resolución 2004/69 del ECOSOC), como un Comité del Consejo Económico

y Social con un mandato[86] específico, limitado, y formado por expertos «a título personal».

177.   Como ya indicamos, el 26 de julio de 2023, el Secretario General emitió un Informe sobre Promoción en las Naciones Unidas de la cooperación internacional inclusiva y eficaz en cuestiones de tributación (A/78/235) que reclama un reforzamiento del papel de las Naciones Unidas en la elaboración de normas tributarias y el establecimiento de reglas, teniendo plenamente en cuenta los acuerdos multilaterales e internacionales vigentes, con la formulación de varias alternativas opcionales a desarrollarse por un proceso intergubernamental en las Naciones Unidas:

a)   El establecimiento de una convención *multilateral* sobre tributación, plenamente vinculante desde la perspectiva jurídica, con reglas y obligaciones para los Estados miembros y su alcance jurisdiccional tributario, aun sin concretar «la amplia gama de cuestiones fiscales» y condicionado a la existencia de un acuerdo político sobre la necesidad de un tratamiento vinculante de la cuestión a escala mundial, sin perjuicio de la firma de acuerdos específicos a través del mismo procedimiento.

b)   El establecimiento de una convención *marco* sobre cooperación internacional en cuestiones de tributación, propuesta dotada de una mayor flexibilidad que la primera. Dicha convención se limitaría a exponer los principios básicos y los objetivos de la cooperación internacional, así como la estructura de gobernanza del marco de cooperación, así como el establecimiento de un foro plenario con autoridad para aprobar nuevos instrumentos normativos o

c)   El establecimiento de un marco para la cooperación internacional en cuestiones de tributación. Dicha propuesta es la más laxa puesto que propone un mecanismo no vinculante de acciones coordinadas, internacionales, nacionales, regionales y bilaterales a partir de una agenda que permita la *mejora* de las normas —elaboradas en el seno de otras organizaciones o de los propios marcos de desarrollo de dichas acciones que resulten en un compromiso jurídico vinculante— y de la capacidad fiscal de las administraciones tributarias para su puesta en marcha —*capacity building*—.

178.   Las exigencias incorporadas por la ONU para su consideración como organización de referencia en la formulación de propuestas vinculantes —o no— relativas a la gobernanza tributaria mundial plantea no pocos interrogantes de no fácil solución y otras críticas de no menor calado. Reconociendo su carácter inclusivo y su nivel óptimo de representatividad de la comunidad internacional, los detractores de dicha iniciativa consideran que la misma generaría una duplicidad de esfuerzo, de trabajo y de resultados, que podría redundar en una divergencia de propuestas, colocando a los países en un dilema de difícil compatibilización.

---

[86]   https://www.un.org/esa/ffd/tax-committee/tax-committee-mandate.html.

179.   Es cierto que la duplicidad y divergencia que en la actualidad ya existe en la actualidad, por otra parte, en relación con los Modelos de Convenio y con las propuestas de solución de la asignación de la jurisdicción tributaria para las rentas procedentes de los servicios digitales. Sin embargo, el nivel de vinculación política –y jurídica– que las nuevas propuestas y alternativas formuladas por la ONU sugieren combinado con el compromiso político expresado ante la firma de los acuerdos de la OCDE-G20-Marco Inclusivo de 2021 –entre otros– vaticinan una necesaria convergencia de resultados, cuando no una complementariedad o incluso subordinación de propuestas a los compromisos ya asumidos y las normas internacionales ya aprobadas. Por otra parte, se pone en duda la capacidad técnica necesaria para la formulación de propuestas con validez internacional, atendiendo a la falta de experiencia previa –y de competencia– en la materia por parte de la ONU, frente a la presencia de personal con alta capacitación técnica en otras organizaciones. Finalmente, no puede desconocerse la abierta oposición que algunos Estados manifiestan a dicha propuesta, lo que dificulta la consecución de un consenso internacional mínimamente amplio que pueda dotar de consistencia –y de legitimidad de resultado– a las propuestas resultantes.

180.   No se nos oculta, por otra parte, que las Resoluciones y el Informe de Naciones Unidas reaniman el debate sobre la necesaria mejora de las técnicas de legitimación de las propuestas normativas formuladas desde organismos internacionales con incidencia directa en la conformación de los sistemas tributarios nacionales. Y por otro lado, plantea abiertamente y de forma nada implícita la necesidad de adaptar las exigencias constitucionales derivadas de la máxima *no taxation without representation,* o principio de legalidad, como principal garantía de la legitimidad de los sistemas tributarios, a la necesaria formación de decisiones en materia tributaria de forma coordinada y a nivel supranacional; superando de este modo el marco nacional de referencia aún sin desconocer que la validación constitucional del resultado debe realizarse, porque sigue descansando, en sede doméstica de cada Estado.

181.   La formulación llevada a cabo en el seno de la Organización de Naciones Unidas pone de manifiesto, por tanto, la necesidad de verificar si el ámbito decisional de los nuevos paradigmas tributarios internacionales respeta y se adecúa a las exigencias constitucionales y domésticas de legitimidad del sistema tributario. Y a su vez, obliga a repensar y replantear la configuración tradicional de la representatividad del marco decisional, adecuándolo a un modelo de gobernanza tributaria –supranacional– adaptado a la globalización económica pero también a los retos que plantea el Siglo XXI.

182.   Debe tenerse en cuenta, no obstante, que el proceso de formación y desarrollo de los estándares tributarios internacionales o supranacionales no puede equipararse, sin más, al proceso de formación y desarrollo de las normas tributarias internas. Debemos tener en cuenta que el proceso de formación de los estándares tributarios internacionales es diverso al de las normas internas, en las que existe un reconocimiento de iniciativa legislativa o normativa por diferentes vías, un procedimiento de debate ajustado y diverso para cada una de las diferentes vías de iniciativa,

y unos requisitos para su aprobación. A nivel internacional, existe (a) un período de investigación y consultas, incluyendo en su caso consultas a otros subgrupos de la misma organización, llevado a cabo por las organizaciones internacionales, en las que se identifican las cuestiones, necesidades y desafíos que deben afrontar las diferentes partes internacionales interesadas; (b) una selección y determinación de las cuestiones que van a ser tomadas en consideración y llevadas a desarrollo internacional; (c) una fase de elaboración de proyectos o borradores o versiones provisionales del documento a aprobar o desarrollar; (d) una fase de consulta pública, abierta a diferentes agentes y partes interesadas que permite identificar el grado de aceptación así como potenciales cuestiones y aspectos que deben ser objeto de desarrollo, reformulación o mejora; e) una fase de aprobación del documento internacional, que depende lógicamente de la naturaleza del documento que se apruebe, sea éste un Convenio –multilateral–, un Modelo de Convenio, una recomendación, unos estándares de revisión y ejecución, o un Modelo de norma tributaria interna.

2. LEGITIMIDAD DE SALIDA

183. Una segunda dimensión de la legitimidad es la que analiza el grado de aceptación de las normas, en atención al resultado producido. La legitimidad de salida o de resultado presta atención a los resultados del proceso, analizando su aceptación, tolerancia y apoyo por parte de los sujetos afectados por dichas normas –tanto Estados como contribuyentes–, lo que facilita su cumplimiento. Algunos autores consideran que con este enfoque se puede comprobar la eficiencia y eficacia de las soluciones aportadas. Este análisis también permite comprobar los resultados con arreglo a los principios de equidad e igualdad.

184. Las tensiones entre diferentes países y jurisdicciones sobre la validez, eficacia, o incluso justicia del resultado normativo aceptado han existido desde el comienzo de los debates tributarios en el seno de la Sociedad de Naciones, y es lógico que existan a la vista de los intereses en juego. El Modelo de Convenio de la OCDE generó rechazo por parte de varios Estados, en especial en la región Latinoamericana, por entender que no se ajustaba a sus modelos de imposición sobe la renta, y por considerar que respaldaba la posición preeminente y preferente de los Estados exportadores de capital. A pesar de que el artículo 23 dedicado a la eliminación de la doble imposición internacional proponía dos métodos, el alcance limitado del método de exención y sobre todo el principio de establecimiento permanente establecido en el artículo 7 del Modelo contrariaban las demandas de dichos países que no pudieron participar en la conformación del estándar. El Modelo de la ONU de 1980 vino a superar esas discordancias, con la asunción de los mismos estándares en el Modelo entre países desarrollados y países en desarrollo, superando la dicotomía de los Modelos de Londres y México de la Sociedad de Naciones.

185. La superación del secreto bancario como límite a la acción de control de las Administraciones tributarias también ha representado un importante hito que ha

logrado un margen amplio de aceptación y eficacia internacional. El consenso internacional, logrado como consecuencia de la normativa tributaria interna de un Estado, ha cambiado los estándares de comunicación administrativa, cambiando el intercambio de información mediante requerimiento por el intercambio automático de información como regla, a partir de la elaboración de reglas y criterios, la modificación de normas internas y el desarrollo de buenas prácticas. El consenso alcanzado permite avanzar en el establecimiento de unas nuevas formas de colaboración inter-administrativa, y la expansión del modelo de obtención de información y suministro automático a otras fuentes y activos generadores de rentas.

186.   La incorporación de las medidas convencionales acordadas con el plan BEPS a los Convenios preexistentes mediante la firma y ratificación del Instrumento Multilateral también puede considerarse como un resultado legítimo desde esta perspectiva, a la vista del número importante de Estados firmantes, de los Estados que han ratificado el Instrumento y del número de Convenios afectados por dicho proceso de actualización y ajuste. Es cierto que algunas jurisdicciones muy relevantes han quedado al margen a pesar de haber participado y monitorizado el proceso de formación normativa –Estados Unidos–, y otros se mantienen al margen del mismo –por ejemplo, Brasil–. Pero, en cualquier caso, la fórmula empleada –un instrumento internacional, multilateral y vinculante– demuestra claramente la superación del modelo tradicional de convenios bilaterales para afrontar retos tributarios de carácter supranacional, y la posibilidad de encontrar nuevas vías de actualización de la red de convenios tributarios internacionales con otras finalidades.

187.   Con todo, el mecanismo utilizado pone de manifiesto que una de las claves para lograr la eficacia del resultado consiste en mantener la necesaria flexibilidad para que las jurisdicciones decidan –en el ejercicio de sus competencias soberanas– el alcance de la vinculación jurídica que quieren asumir, sin verse constreñidas por una decisión, criterio, o estándar, asumido a nivel internacional y en ausencia de una cesión de competencias explícita para su formulación. La formulación de propuestas únicas o uniformes, unida a la escasa o limitada capacidad de influencia de los Estados en su formación puede generar propuestas cuya legitimidad de salida sea escasa o al menos cuestionada.

188.   En el ámbito de la lucha contra la competencia fiscal perjudicial, la acción de la OCDE ha conseguido reforzar la vinculación de la ventaja fiscal con las exigencias de sustancia económica, consiguiendo la revisión y actualización de muchos regímenes preferenciales, tanto de Estados miembros de la OCDE, como de Estados no miembro. La acción 5 del plan BEPS supuso la reafirmación de dichos estándares, con una progresiva ampliación de los regímenes tributarios preferenciales objeto de análisis, incidiendo en los regímenes previstos para las actividades de investigación y desarrollo.

189.   Sin embargo, el cuestionamiento de la validez del consenso alcanzado con los elementos materiales que definieron dicha acción –recordemos, considerada estándar mínimo–, prácticamente sin solución de continuidad ha generado no pocos cues-

tionamientos sobre la legitimidad de las propuestas y su modo de asunción por parte de la comunidad internacional. La acción 5 del plan BEPS estableció unos criterios materiales que permitían el desarrollo de las competencias tributarias de los Estados en un marco de seguridad jurídica que permitía la aprobación y aplicación de determinados incentivos fiscales por parte de las jurisdicciones con un importante nivel de certeza a partir del consenso internacional alcanzado.

190.   No obstante, la presentación, discusión y aprobación, prácticamente a renglón seguido, de los mecanismos de imposición mínima efectiva de las multinacionales englobados en el Pilar 2 supuso una modificación de dichos criterios, causando una lesión importante a la seguridad jurídica y a la confianza legítima, que tanto algunas jurisdicciones como, fundamentalmente, los inversores habían otorgado a los acuerdos que se habían asumido con la formulación de los estándares mínimos de la acción 5 del Plan de Acción BEPS[87]. A pesar de que el propósito inicial de la revisión consistía en corregir la desviación de beneficios desvinculados de la actividad económica, la formulación final de las reglas del Pilar 2 supone un importante freno a la competencia fiscal entre Estados –no ya solo a la competencia perjudicial–, al quedar neutralizada la eficacia de muchos incentivos fiscales por la regla de inclusión de rentas. La aplicación de las reglas estrictas que se infieren de la norma de exclusión SBI (*carve-out*), como nuevo límite a los incentivos fiscales aceptables y asumibles por parte de las normas modelo del pilar 2[88], supone una alteración del consenso internacional a partir de recomendaciones incorporadas, sin que los Estados afectados tuvieran una capacidad de decisión efectiva sobre las mismas, a pesar de verse ampliamente afectados por el resultado.

191.   Con todo, puede indicarse que, en líneas generales, las normas modelo del pilar 2 han alcanzado un considerable grado de aceptación a nivel internacional, a pesar de los efectos importantes que va a generar sobre los contribuyentes MNE –con un incremento muy considerable de los costes de cumplimiento–, sin un claro resultado recaudatorio. Está por ver, sin embargo, si los costes de cumplimiento, no sólo para las MNE sino para las Administraciones tributarias encargadas de su aplicación y control, generan ingresos tributarios suficientes que logren compensarlos. A su vez

---

[87]   La aprobación de los estándares de tributación mínima efectiva del Pilar 2 no sólo suponen una alteración del consenso internacional en relación con la aceptación internacional de determinados regímenes e incentivos fiscales. También supone una quiebra de los compromisos internacionales asumidos por muchos Estados como consecuencia de la firma de convenios internacionales para protección de inversiones, lo que coloca a algunas jurisdicciones en una posición inverosímil de difícil o imposible encaje, consistente en (a) mantener los incentivos fiscales ajustados al estándar mínimo que quedarán neutralizados por la aplicación de las reglas GloBE en otras jurisdicciones, convirtiéndolos en ineficaces; (b) ajustar los incentivos fiscales a los mínimos permitidos por las reglas GloBE pero soportar reclamaciones potenciales de los inversores por vulneración de los acuerdos de protección de inversiones. Kuzniacki, Blazej, «Pillar 2 and International Investment Agreements: "QDMTT Payable" Seals and Internationally Wrongful Act», *Tax Notes International*. October 9, 2023, pág. 162.

[88]   OECD. *Tax Incentives and the Global Minimum Corporate Tax. Reconsidering Tax Incentives After the GloBE rules*. 2022.

genera importantes críticas desde la perspectiva de legitimidad interna –por suponer la mera rendición de las decisiones de los Parlamentos nacionales a la adaptación del modelo tributario desarrollado en esferas supranacionales–. En dicho resultado han resultado relevantes la autorización a la aplicación de la normativa tributaria interna por parte de los Estados de última matriz –o subsiguiente en la cadena– con independencia de los compromisos convencionales –*savings clause* del Instrumento Multilateral– y el reconocimiento de que la consecución de los resultados y objetivos –tributación mínima efectiva– necesitaba únicamente de un grupo suficientemente amplio de Estados y jurisdicciones que incorporaran dichas reglas en sus respectivos ordenamientos tributarios internos.

192.   El grado de aceptación y eficacia de los estándares del pilar 2 es mucho mayor que el que corresponde a los estándares y normas propuestas con el pilar 1. A pesar de que dichas normas son más favorables a la ampliación de las competencias tributarias de las denominadas jurisdicciones de mercado que las del pilar 2, que pueden llegar a neutralizarlas, o por eso mismo, la reacción de dichas jurisdicciones ha sido más reacia a la aceptación y asunción de dichos estándares. Sin duda, esta reacción, y por qué no decirlo, cierto rechazo, está ocasionado por el compromiso político que se alcanzó a nivel internacional de eliminación de las medidas unilaterales –los impuestos sobre servicios digitales– y su vinculación a la entrada en vigor de las medidas del pilar 1 –Monto A y Monto B–, la indefinición sobre el alcance del compromiso político, y la ausencia de una ventaja significativa reconocida en favor de las jurisdicciones que deberían proceder a la eliminación de los impuestos sobre servicios digitales.

193.   De ahí que la legitimidad de salida de las propuestas normativas formuladas por el Marco Inclusivo esté puesta en duda. La aparición de organizaciones e instituciones internacionales encargadas de la formulación de estándares tributarios, como la ONU a través del Convenio Marco y los protocolos anexos, puede reabrir el cierre en falso del consenso internacional en torno a la tributación de las empresas de economía digital y sus beneficios, y, con ello, limitar la eficacia y la legitimidad de salida de las propuestas formuladas por el Marco Inclusivo en relación con el Pilar 1.

194.   Con este análisis pretendemos poner de manifiesto que la legitimidad de salida se encuentra también vinculada en gran medida a la mejora de las técnicas de participación en el proceso decisorio de los Estados que deben alcanzar el consenso internacional, asegurando su derecho a participar, a formular propuestas y a formar parte del proceso decisorio, no pudiendo quedar limitado el mismo a asumir el resultado desarrollado por terceros y al compromiso de asumir su implementación y su verificación por parte de dichos Estados terceros.

195.   A su vez, también se pone de manifiesto que la adopción de reglas y propuestas flexibles puede resultar clave, sino necesario, para la materialización de estándares tributarios sólidos y firmes a nivel internacional. Por ello, estas reglas deben venir acompañadas de mejoras tanto en el proceso de toma de decisiones como en el sistema de gobernanza tributaria internacional.

196.   Con todo, no debería olvidarse que la apertura de nuevos foros internacionales que garanticen unos niveles más adecuados de participación de la comunidad internacional no debiera servir para la reapertura y reconsideración de estándares tributarios sobre los que se alcanzó un consenso tributario internacional estable. La utilización de los nuevos procesos de gobernanza tributaria internacional para reabrir y replantear dichos estándares, lejos de coadyuvar a la mejora de la legitimidad de salida, la validez y la eficacia de las propuestas tributarias internacionales, puede suponer un reforzamiento del unilateralismo y, en última instancia, la aparición de mecanismos tributarios defensivos que reduzcan las operaciones económicas transfronterizas y, con ello, una ralentización del desarrollo económico.

3.   ESTRATEGIAS DE LEGITIMACIÓN

197.   A pesar de la posición de la mayoría de la literatura que cuestiona la legitimidad de las normas fiscales internacionales, los esfuerzos para analizar la legitimidad de estas normas deben ser revisados y completados, por dos razones principales.

198.   En primer lugar, es más acertado identificar a nivel internacional *estrategias de legitimación*, o aspiraciones de legitimidad para convencer a los constituyentes de la legitimación del derecho a gobernar de las instituciones internacionales que considerar que el derecho internacional contiene requisitos de legitimidad. El poder de negociación y la capacidad de alcanzar consensos entre los constituyentes –principalmente los Estados– desempeñan un papel muy importante en el desarrollo del derecho tributario internacional y, también, en la formación del *soft law* internacional. Sin embargo, es importante identificar algunas alternativas para mejorar las estrategias, principalmente desde un enfoque abajo-arriba, que refuercen la representatividad y el proceso de toma de decisiones que ayude al cumplimiento de los resultados.

199.   Por otro lado, las limitaciones y el análisis de la legitimidad obligan a la comunidad internacional a identificar los valores fiscales internacionales que deben tenerse en cuenta a la hora de elaborar la justificación de las nuevas normas de toma de decisiones. Las prácticas de buena gobernanza y transparencia deben tenerse en cuenta a la hora de considerar los problemas de legitimidad, ya que se desarrollaron a escala internacional influidas por la tradición y las prácticas de las democracias europeas occidentales desarrolladas en sus sistemas fiscales nacionales. Además, el derecho internacional (consuetudinario) formula un considerable ramillete de criterios para dirimir los nuevos parámetros fiscales internacionales, especialmente cuando se refieren a la posición jurídica de los contribuyentes, como el pleno respeto de los derechos humanos consagrados por el derecho internacional.

200.   Si bien se considera que los debates en torno a la decisión de la ONU de crear un organismo fiscal intergubernamental mundial en el marco de las Naciones Unidas están vinculados inicialmente a preocupaciones sobre la legitimidad de entrada, no debe subestimarse el impacto sobre la legitimidad de salida. Las críticas que seña-

lan el riesgo de contar con diferentes organismos internacionales que realicen propuestas divergentes sobre la actualización de las normas fiscales internacionales deben tener en cuenta que la reacción de la ONU, y del grupo G34 en similar medida, debe tener en cuenta que la reacción refleja la posición crítica de muchos países que no muestran entusiasmo en torno a los resultados del proceso iniciado por la OCDE y el Marco Inclusivo, a pesar de su aceptación inicial global, antes de que su desarrollo y regulación entraran en el debate. Es precisamente en la regulación del principio acordado –el diablo está en los detalles– donde surgen las preocupaciones de legitimidad, ya que el consenso internacional o global inicial debe desarrollarse teniendo en cuenta los intereses, voces y posiciones de todos los países que lo han acordado.

CAPÍTULO 9

LEGITIMIDAD NACIONAL/CONSTITUCIONAL

201. Tal como hemos afirmado anteriormente resulta más apropiado identificar y considerar los problemas de legitimidad circunscribiéndolos a la perspectiva interna de cada uno de los países implicados en la formulación, verificación y aplicación de las nuevas normas fiscales internacionales. Los nuevos estándares y paradigmas no afectan únicamente a las relaciones internacionales, sino que tienen un impacto directo en los sistemas fiscales domésticos, (a) formulando nuevas reglas detalladas que informan la incorporación de nuevos impuestos complementarios en los sistemas tributarios, (b) asumiendo el compromiso de la eliminación de ciertas figuras impositivas (impuestos) ya implementadas, o (c) obligando a cambiar medidas fiscales domésticas ya existentes –que ya habían sido verificadas de acuerdo con los estándares de gobernanza/competencia fiscal establecidos–. Dado que la fiscalidad es una materia que corresponde inicialmente al núcleo de soberanía estatal, y que el Parlamento es normalmente el actor principal en la generación de normas tributarias en derecho constitucional comparado, esta perspectiva de verificación de la legitimidad de los nuevos paradigmas tributarios internacionales debiera ser la primera a analizar, y a llevar a cabo desde una perspectiva comparada[89].

202. El proceso de análisis de la legitimidad de los estándares internacionales desde la perspectiva interna o constitucional aconseja concretar varios aspectos:

a) Primero, analizar la existencia y extensión del mandato otorgado a los representantes de cada Estado para habilitarlos a la participación, negociación y firma de los acuerdos.

b) Segundo, verificar los mecanismos de control de dicho mandato y, subsidiariamente, la verificación del acuerdo y de las implicaciones de dicho acuerdo en la política fiscal/sistema tributario del Estado en cuestión.

c) En tercer lugar, verificar el nivel de vinculación generado por los estándares tributarios internacionales a nivel interno o nacional.

203. De acuerdo con el artículo 5 de la Ley 50/1997, de 27 de noviembre, del Gobierno, corresponde al Consejo de Ministros, como órgano colegiado del Gobierno,

---

[89] Para un análisis comparado *vid.* Eucotax-Wintercourse. *Decision-making processes of international initiatives on tax and their impact on legitimacy at national level (OECD, UN, soft law, public consultations, tax treaty policy reports, etc.)* (coords.: García Prats, F. A. y Hongler, P.). *Final Report. 2023.* In print.

acordar la negociación y firma de Tratados internacionales, así como su aplicación provisional y, en su caso, remitir los tratados internacionales a las Cortes Generales en los términos previstos en la Constitución. Se concreta así la función asignada por el artículo 97 de la Constitución al Gobierno, consistente en la dirección de la política exterior. Los artículos 3 a 6 de la Ley 25/2014, de 27 de noviembre, de Tratados y otros Acuerdos Internacionales, organizan la actividad del Estado en relación con los Tratados y Acuerdos internacionales entre el Consejo de Ministros, el Ministerio de Asuntos Exteriores y Cooperación y el Ministro competente por razón de la materia afectada por el tratado internacional a firmar por el Estado, que en materia tributaria corresponde al Ministerio de Hacienda y Función Pública.

204. Así, en el ámbito de las organizaciones con funciones tributarias, como la Organización para la Cooperación y el Desarrollo Económico (OCDE) o el Grupo de Acción Financiera Internacional (GAFI), corresponde al Gobierno español, a través del Ministerio de Hacienda y Administraciones Públicas, decidir sobre la participación en las mismas. En cualquier caso, la pertenencia a una organización internacional debe ser aprobada por el Congreso de los Diputados, que tiene la última palabra en la ratificación de los tratados internacionales, incluidos los que se refieren a la pertenencia a organizaciones internacionales.

205. Por lo que se refiere a la participación y representación en organismos internacionales en el ámbito fiscal, corresponde la concreción de las mismas al Ministerio de Hacienda y Administraciones Públicas, según establece el Real Decreto 682/2021, de 3 de agosto, por el que se desarrolla la estructura orgánica básica del Ministerio de Hacienda y Administraciones Públicas y se modifica el Real Decreto 139/2020, de 28 de enero, por el que se establece la estructura orgánica básica de los departamentos ministeriales. De acuerdo con el artículo 1.1. «El Ministerio de Hacienda y Función Pública es el departamento de la Administración General del Estado encargado de proponer y ejecutar la política del Gobierno en materia de hacienda pública, presupuestos y gastos y empresas públicas, además de las demás competencias y atribuciones que le confiere el ordenamiento jurídico». Dentro del organigrama del Ministerio de Hacienda y Administraciones Públicas, a la Dirección General de Tributos le corresponde, según el artículo 5.1.d), «la negociación y aplicación de los convenios para evitar la doble imposición, los relativos a la normativa tributaria contenida en los tratados internacionales y los trabajos relacionados con la Organización para la Cooperación y el Desarrollo Económico y la Unión Europea en el ámbito tributario»[90].

206. Por su parte, según el apartado e) del citado artículo, corresponde a la Dirección General de Tributos: «El estudio y preparación de las medidas relativas a los convenios fiscales internacionales y acuerdos fiscales especiales, en coordinación

---

[90] El desarrollo del órgano de naturaleza intergubernamental en el seno de la ONU tras la firma del Convenio Marco aconsejaría la actualización de dichas funciones para entenderlas incluirlas y contar con el necesario y preceptivo reconocimiento de la función representativa de los intereses españoles ante dicho órgano.

con otros órganos de la Administración, y las actuaciones de apoyo a las relaciones con la Unión Europea y demás organismos internacionales de los que España sea parte». El apartado segundo del artículo 5 subdivide la Dirección General de Tributos en subdirecciones, de forma que, en función de la materia objeto del convenio, las subdirecciones podrán llevar a cabo políticas financieras de actuación en el marco de los convenios y acuerdos fiscales, pero sólo la Subdirección General de Política Tributaria es competente para llevar a cabo estas negociaciones. Por su parte, según el apartado e) del citado artículo, corresponde a la Dirección General de Tributos: «El estudio y preparación de las medidas relativas a los convenios fiscales internacionales y acuerdos fiscales especiales, en coordinación con otros órganos de la Administración, y las actuaciones de apoyo a las relaciones con la Unión Europea y demás organismos internacionales de los que España sea parte». El apartado segundo del artículo 5 subdivide la Dirección General de Tributos en subdirecciones, de forma que, en función de la materia objeto del convenio, las subdirecciones podrán llevar a cabo políticas financieras de actuación en el marco de los convenios y acuerdos fiscales, pero sólo la Subdirección General de Política Tributaria es competente para llevar a cabo estas negociaciones, así como la preparación de las medidas relativas a los convenios fiscales internacionales y acuerdos fiscales especiales, en coordinación con otros órganos de la Administración, y las actuaciones de apoyo a las relaciones con la Unión Europea y demás organismos internacionales de los que España sea parte. Las «actuaciones de apoyo» constituyen una referencia genérica –incluso vaga– que requeriría de una mayor precisión, en aras a verificar el cumplimiento de la esfera competencial legalmente asignada.

207. Cualquiera que sea la denominación del tratado (convenio, tratado, protocolo, acuerdo, etc.) y la forma en que se preste el consentimiento (ratificación, firma, canje de notas, adhesión, etc.), se requiere la intervención de las Cortes en los casos previstos en el artículo 94.1 y 94.2 CE. La Constitución española ha optado por un sistema de lista positiva para determinar los tratados que requieren autorización parlamentaria, cuestión que se expresa en el artículo 94 CE. Las Cortes también pueden intervenir en la calificación del tratado y modificarlo en el sentido de tramitarlo a través del artículo 93 CE o del artículo 94 CE, como intentaron algunos grupos parlamentarios con ocasión de la adhesión al Tratado del Atlántico Norte. En el caso de un tratado sometido a información en virtud del artículo 94.2 CE, el Congreso, a través de la Mesa, puede recalificarlo y tramitarlo previa autorización para su posterior aprobación o convalidación, considera que el tratado en cuestión requiere una autorización en virtud del artículo 94 CE y no una mera información.

208. El TC ha establecido, en la sentencia STC 155/2005, de 9 de junio, en contra de la Ley 13/1999, de 21 de abril, y el RDL 14/1998, de 9 de octubre, de adhesión de España a diversos acuerdos del Fondo Monetario Internacional –la ratificación de la cuarta enmienda al Convenio constitutivo del FMI–, que si las disposiciones incorporadas al ordenamiento español suponen la asunción de obligaciones financieras para la hacienda pública caen por ello dentro del supuesto contemplado en el artículo 94.1.d) de la Constitución, y por tanto la aprobación mediante Real

Decreto Ley y su posterior conversión en Ley vulnera el procedimiento parlamentario específicamente previsto en la Constitución, en el artículo 74.2, y exigido por el artículo 94, que es distinto del procedimiento legislativo ordinario. El Tribunal Constitucional añadió que el procedimiento previsto en el artículo 74.2 CE es el único procedimiento válido para incorporar al ordenamiento jurídico español tratados y convenios internacionales –cualquiera que sea su denominación– que incorporen obligaciones financieras. Además, la autorización del Convenio internacional debe constituir su principal y único objeto, resultando inapropiado para la formación de otras voluntades parlamentarias, para las que debe utilizarse el resto de procedimientos parlamentarios. Sin embargo, no declara la nulidad de algunos preceptos para evitar los perjuicios y efectos económicos cuya reversión provocaría consecuencias indeseadas desde la seguridad jurídica o de los derechos de terceros.

209.   En relación con la negociación de Convenios y Tratados en materia tributaria, los nombramientos de las comisiones y equipos negociadores se realizan de forma discrecional por parte del Ministerio o Consejo de Ministros que resulte competente, en atención a su experiencia y competencia técnica en materia tributaria, así como por el conocimiento de las normas internacionales y las políticas tributarias de otros países. Una vez nombrados, los negociadores cuentan con la suficiente capacidad para llevar a cabo la negociación del Convenio a partir de su nombramiento, que es un acto discrecional, sin que se llegue a conocer, hacer público, o poder predeterminar el mandato de los negociadores, la decisión de los países con los que se negocia, o el alcance de las negociaciones que pueden llevarse a cabo y los límites establecidos a las mismas, caso de existir.

210.   Por lo que se refiere a los representantes del gobierno español ante los diferentes foros e instituciones internacionales de carácter intergubernamental en los que se ventilan cuestiones en materia tributaria, la competencia para su nombramiento corresponde al Gobierno. No suelen publicarse en el BOE, y en ocasiones sólo se publicitan en la web correspondiente del Ministerio. Su nombramiento también es discrecional y suelen ser funcionarios de la DGT o de la AEAT, aunque no sea un requisito para su nombramiento. Los delegados deben seguir las directrices y objetivos marcados por el Gobierno en materia fiscal y deben informar periódicamente de los resultados de las reuniones y grupos de trabajo en los que participen, de acuerdo con lo que establece los artículos 6 y 55.9 de la Ley 40/2015, de 1 de octubre.

211.   Los delegados y representantes de España en y ante los organismos internacionales que abordan la materia tributaria son responsables de representar a España en las negociaciones y decisiones relacionadas con la fiscalidad internacional en estos organismos, lo que implica participar en reuniones y debates sobre cuestiones fiscales y económicas, negociar acuerdos y convenios fiscales con otros países y colaborar con otros miembros de la organización en el desarrollo de políticas y normas fiscales internacionales. Además, los delegados también son responsables de informar al gobierno español sobre los desarrollos y decisiones relevantes en la organización, y de coordinar la posición de España con la de otros países miembros en asuntos fiscales

internacionales. Sin embargo, no existe la obligación de rendir cuentas ante el Parlamento. El canal de información entre el Gobierno y el delegado suele quedar relegado y tener carácter confidencial, al no existir exposición pública de las tareas de estos delegados[91].

212. De la regulación normativa aplicable se infiere que los representantes del Estado español ante las organizaciones internacionales responden y dan cuentas ante el Ministro respectivo y, en su caso, ante el Consejo de Ministros, como director de la política exterior. Sin embargo, en materia tributaria, sometida a reserva relativa de ley, la rendición de cuentas del Gobierno ante las Cortes Generales debería reforzarse pues, en última instancia, la defensa y concreción del interés general en materia tributaria –por cuanto pueda incidir en los elementos esenciales que configuran las diferentes figuras del sistema tributario– debería ser concretada y establecida por el órgano legislativo.

213. A diferencia de lo que ocurre en otros países de nuestro entorno, la actuación de las Cortes Generales se reduce a una mera convalidación –*a posteriori*– de los Convenios internacionales en materia tributaria una vez se han firmado y como medida –en ocasiones puramente formal– de ratificación de los instrumentos que permita su incorporación al ordenamiento tributario interno. Es cierto que el procedimiento previsto en el artículo 74.2 de la CE impide la iniciativa parlamentaria en el momento de la ratificación, que debe producirse en bloque o rechazarse. Sin embargo, el debate parlamentario que se produce en ocasiones en nuestro país aparece alejado de cuestiones técnicas y de auténtica política tributaria, limitándose a la confrontación política partidista, a cuestiones ideológicas o de carácter diplomático[92].

214. Contrasta esta situación, como decimos, con los debates de naturaleza técnica en parlamentos de nuestro entorno, en los que no se somete a examen y debate las diferentes posiciones previas que permitan un mejor posicionamiento del país ante el proceso negociador o ante el debate que se genere en las organizaciones internacionales, delimitando la capacidad y responsabilidad discrecional de los representantes del gobierno español ante dichas organizaciones internacionales[93].

215. Como consecuencia de los cambios derivados de la potencial implantación de nuevas normas tributarias internacionales –medidas Pilar I y Pilar II, mecanismos

---

[91] ALAMA PERALES, R., cit., pág. 42.

[92] Como muestra, podemos citar el debate sobre la ratificación del Convenio de doble imposición con Israel, o el debate sobre la ratificación del Instrumento Multilateral en la Comisión de Asuntos Exteriores. *Vid.* Diario de Sesiones de la Comisión de Asuntos Exteriores. Congreso de los Diputados. 24 de septiembre de 2020. https://www.congreso.es/public_oficiales/L14/CONG/DS/CO/DSCD-14-CO-155.pdf.

[93] Por ejemplo, ante la discusión que ha tenido lugar en el seno de la OCDE para el desarrollo de las reglas Modelo del Pilar 2, algunos Parlamentos, como el belga, el holandés, o el norteamericano, han mantenido debates de naturaleza técnica sobre el posicionamiento de los respectivos países y sus representantes ante la relevancia de las cuestiones que estaban siendo debatidas a nivel supranacional.

de intercambio de información…–, las decisiones adoptadas por los organismos internacionales (tributarios) no sólo afectan o influyen en las normas jurídicas internacionales (tratados, convenios, instrumentos tributarios, etc.), sino que también afectan, influyen e inciden en las normas tributarias internas, cuyas competencias corresponden y se atribuyen inicialmente al legislador interno. La aceptación automática de los resultados a nivel interno sin una intervención adecuada de los Parlamentos nacionales puede poner en peligro la legitimidad de todo el proceso. La «falta de especialización o capacidad técnica de los parlamentarios» no puede sostenerse como contraargumento válido para desestimar su función constitucional.

216.   En aras de la protección de las garantías constitucionales que reconocen la legalidad del ejercicio del poder tributario por parte de los Estados y sus representantes, debiera resultar necesario incorporar al debate y al análisis tradicional interno sobre la legitimidad del sistema fiscal, el contenido y las implicaciones de los nuevos actos, declaraciones y manifestaciones supranacionales e internacionales que tienen una influencia directa en el desarrollo de los sistemas fiscales nacionales.

217.   Algunas de ellas ya han tenido un claro impacto legal en los sistemas fiscales nacionales, como las modificaciones obligatorias derivadas de los requisitos de intercambio automático de información formulados a escala internacional –*Common Reporting Standards*– que obligaron a algunos países a modificar la legislación nacional o incluso el marco constitucional.

218.   Otros instrumentos también deberían ser considerados cuidadosamente. En primer lugar, los compromisos políticos asumidos –y firmados– por los representantes de los Estados ante los organismos internacionales –como los que dan soporte a las declaraciones del G20 sobre el tipo mínimo efectivo del impuesto de sociedades–, para delimitar sus consecuencias jurídicas si las hubiere. En segundo lugar, es necesario distinguir adecuadamente y con precisión los efectos jurídicos y las limitaciones derivadas de una variedad de instrumentos que tradicionalmente se han considerado en unidad bajo la denominación de *soft law* (como informes, recomendaciones, directrices, reglas modelo, mejores prácticas…). Es necesario clarificar adecuadamente qué efectos producen y distinguirlos según se centren en la clarificación y desarrollo del derecho internacional (tratados tributarios), o cuando su objeto y finalidad sea interpretar y modular el derecho tributario interno, condicionando su contenido y significado.

219.   En una línea paralela de investigación, la legitimidad de la legislación fiscal nacional exigiría investigar el alcance de las normas mínimas cuando se acuerdan a nivel internacional y afectan o tienen un impacto en las decisiones legislativas nacionales. Desde esta perspectiva, es evidente que la legitimidad interna de las nuevas normas fiscales internacionales debe mejorar; y debe hacerlo reforzando los mecanismos que clarifiquen el mandato otorgado a las organizaciones internacionales como tales. Además, debe verificarse el alcance de dicho mandato, la responsabilidad de los representantes de los Estados ante el Parlamento (nacional) y el control de dicho Parlamento sobre la posición del Estado ante la organización internacional y sobre las medidas a aplicar. De lo contrario, la internacionalización

no puede privar sin más a los Parlamentos de sus legítimas funciones constitucionales[94].

220. En el desarrollo de las nuevas normas modelo y estándares tributarios internacionales el papel de los Parlamentos nacionales queda disimulado, al no requerírseles mandato alguno para la participación de los Estados en los foros internacionales, o para la emisión del oportuno consentimiento o compromiso para con el resultado del proceso negociador. De este modo, los Parlamentos quedan relegados al mero refrendo formal de los compromisos internacionales, debiendo hacer frente a importantes presiones en caso de discrepancias con los estándares internacionales.

221. Frente a su posición, se redobla y afianza el poder –relativo– del poder ejecutivo, que dispone de la posibilidad de actuar en el debate internacional en la defensa de los intereses «nacionales», aunque con los límites que auguran la capacidad negociadora implícita en los nuevas vías de formulación y aprobación de modelos normativos.

222. Y, lo que es más preocupante, con el desarrollo del nuevo modelo de normación «global» se diluye la capacidad de control jurisdiccional de los nuevos parámetros tributarios, siendo que los nuevos *titulares* de la capacidad normadora tributaria global quedan sometidos a un proceso de rendición de cuentas muy limitado, sino inexistente.

223. Ante este nuevo escenario, cabe preguntarse si el principio de legalidad en materia tributaria, tal como aparece glosado en las constituciones modernas, sigue constituyendo la garantía de autoimposición que legitima la función tributaria estatal, necesaria para la obtención de recursos con los que hacer frente a las necesidades (de gasto público), o si por el contrario, debería adecuarse a las nuevas realidades y exigencias globales.

224. El desarrollo de nuevos modelos de tributación nacional –de momento limitada a la imposición complementaria de la renta societaria–, guiados desde las organizaciones internacionales, modifica la función constitucional asignada a los Parlamentos nacionales y en consecuencia su fundamento legitimador. Los Parlamentos quedaban originariamente encargados de la concreción del poder impositivo del Estado, garantizando el debate en la formación del consentimiento para la acción tributaria del Estado.

225. Sin embargo, el desarrollo de nuevos estándares tributarios internacionales corre el riesgo de relegar la función de la ley tributaria a una mera recepción formal de las exigencias constitucionales de normación, descuidando sus exigencias y fundamento material. Y, con ello, la necesidad de establecer nuevos mecanismos que garanticen la posición básica de igualdad de los ciudadanos ante la ley tributaria.

---

[94] GARCÍA PRATS, F. A., «Desafíos Globales Actuales al Principio de Reserva de Ley en Materia Tributaria», en *Los principios fundamentales del derecho tributario y su evolución en un mundo globalizado*. Congreso ILADT 2024. Chile (en prensa).

226. Limitar la intervención de los Parlamentos nacionales a un debate *ex post*, acerca de la conveniencia u oportunidad de la asunción de los estándares tributarios internacionales fijados a nivel supranacional y sin una delimitación previa y expresa de la posición nacional, restringe las funciones que constitucionalmente deben corresponderles. Y, además, cualquier divergencia frente a la recomendación y compromisos políticos asumidos por el gobierno a nivel internacional, puede generar presiones a nivel diplomático sobre el normal desarrollo de las funciones constitucionalmente asignadas y reconocidas.

227. El desarrollo del nuevo modelo de gobernanza tributaria internacional, que se encuentra en plena evolución y construcción, no debería descuidar su vinculación con la legitimidad constitucional última que justifica la aprobación y exigencia de tributos. Pero no menos importante, los Parlamentos no deberían descuidar, tampoco frente a este escenario –aunque no sólo en el mismo–, la importante función que las Constituciones modernas les asignan, si quieren seguir asumiendo la posición de garantía básica de los ciudadanos frente al ejercicio de las potestades tributarias por parte del Estado.

228. En la Unión Europea, la articulación de normas de Derecho de la Unión Europea como instrumento para lograr una implementación uniforme de las recomendaciones –no vinculantes– formuladas a nivel internacional por parte de la OCDE puede garantizar un nivel mínimo de exigencia uniforme en el cumplimiento de los objetivos asignados a las recomendaciones y estándares tributarios internacionales. Pero a su vez, restringe el nivel de discrecionalidad que debe concretar el legislador nacional, al convertir simples recomendaciones en normas de obligada interposición y con un margen de decisión sensiblemente menor. Y al mismo tiempo, traslada el debate de la concreción de las medidas de política tributaria que deben transponerse al ordenamiento tributario de los Estados miembros desde los Parlamentos nacionales al Consejo de la Unión Europea, en cuyo seno se concreta y decide el contenido de las propuestas normativas de aseguramiento de las recomendaciones tributarias formuladas a nivel internacional.

229. Esta traslación del debate en torno a la positivización de los estándares tributarios internacionales y exigencias normativas mínimas tiene como consecuencia inmediata la asunción por parte del TJUE de una función de vigilancia del contenido y exigencias básicas de las garantías en materia tributaria, fundamentalmente las que se refieren al respecto de los derechos y libertades fundamentales de los obligados tributarios sometidos a dicha normativa europea. A pesar de que el TJUE garantiza una interpretación uniforme del derecho de la Unión Europea en todo el territorio de los Estados miembros, la necesaria actuación previa de los tribunales nacionales como jueces de lo comunitario determina que no siempre esta protección resulte similar en todos los países miembros, como demuestra la diferente reacción de los jueces nacionales ante los problemas generados con la transposición de la directiva sobre intermediarios tributarios, conocida como DAC6, que la Unión Europea decidió convertir de

simple recomendación en norma mínima de interposición por parte de todos los países miembros[95].

230. Este análisis necesario no empece ni constituye un impedimento para la realización de esfuerzos de mejora de las estrategias de legitimidad a nivel internacional por parte de las organizaciones internacionales; es únicamente una exigencia adicional, aunque necesaria. En los últimos años se han desarrollado movimientos de mejora, pero es obvio que queda margen de desarrollo. Una posible división entre legitimidad de entrada y de salida podría aclarar las posiciones respectivas de las distintas organizaciones internacionales. Esto podría hacerse atribuyendo un papel protagonista en el proceso de toma de decisiones a las instituciones más respetuosas con la representatividad de los diferentes Estados a nivel internacional. Al mismo tiempo, se podría garantizar la legitimidad de los resultados manteniendo las decisiones finales del proceso en manos de las instituciones con capacidad técnica y conocimientos demostrados para proporcionar los resultados normativos necesarios. Éstos deberían producirse en consonancia con el alcance del mandato otorgado a las organizaciones internacionales y las soluciones adecuadas que respondan a un consenso internacional suficiente. Deberían estudiarse mecanismos para mejorar la coordinación, la transparencia y las normas de procedimiento para garantizar la participación de los Estados y las partes interesadas en pie de igualdad. Estas mejoras técnicas reforzarían sin duda el apoyo político al más alto nivel que solicita la actualización de los paradigmas fiscales internacionales para el siglo XXI.

---

[95] García Prats, F. A. *La transposición en España de la Directiva sobre Intermediarios Tributarios (DAC6)*. Mayo 2019. AEDAF. Paper núm. 14.

CAPÍTULO 10

EL ESTATUTO JURÍDICO DE LOS INSTRUMENTOS Y ESTÁNDARES GENERADOS POR LAS «NUEVAS» ORGANIZACIONES FISCALES INTERNACIONALES

231.   Las organizaciones internacionales se han lanzado a formular una variada y extensa gama de documentos que aporten el fundamento sustantivo a los cambios sugeridos, recomendados y operados. Dichos documentos son de un contenido diverso y de una naturaleza variable y contribuyen de diversa forma tanto a la consecución del consenso internacional, que, en última instancia, activa la legitimidad sobre el resultado de las propuestas. Desde una perspectiva dogmática, la mayoría de esos documentos suelen englobarse en la categoría de *derecho en agraz*, o *soft law*, a pesar de que dicha denominación unitaria no atribuya de forma correcta los efectos a cada uno de los diversos documentos que la conforman.

232.   Por ello, resulta crucial analizar el contenido y el tipo de resultados que producen las organizaciones internacionales. Las implicaciones para la legitimidad interna y los requisitos para verificar su cumplimiento varían en función del tipo de resultado, su efecto jurídico vinculante y su extensión o alcance. Este análisis debe realizarse junto con el estudio del alcance y el contenido de los mandatos otorgados a las organizaciones y organismos internacionales para generar los resultados que se sostienen con los documentos elaborados o acordados.

233.   Históricamente, algunas organizaciones internacionales limitaron su papel en materia de impuestos sobre la renta y de sociedades con la formulación de modelos de convenio internacional que los Estados, en el ejercicio de su plena soberanía fiscal, podían utilizar —o no— para evitar la doble imposición y la evasión y elusión fiscales internacionales. Para evitar opiniones discrepantes del Modelo entre las jurisdicciones, las organizaciones internacionales reforzaron su papel de legisladores blandos, mediante la elaboración de los Comentarios a los Convenios Modelo y otros instrumentos jurídicamente no vinculantes. Sin embargo, desde la reacción contra la competencia fiscal perniciosa, las organizaciones internacionales también se preocuparon por la necesidad de generar respuestas normativas y administrativas unilaterales eficaces y coordinadas, y no sólo por la sugerencia de medidas fiscales internacionales bilaterales.

234.   El Plan de Acción BEPS refuerza el papel de las organizaciones internacionales como auténticos creadores de normas internacionales, inicialmente con el MLI y después con el nuevo tratado multilateral propuesto para aplicar la norma UTPR.

Pero, además, amplía los objetivos de ciertas organizaciones internacionales, especialmente la OCDE, fomentando ciertas normas, enfoques y modelos fiscales para el desarrollo de normas tributarias estrictamente internas, nacionales.

235.   Este nuevo enfoque supone un cambio importante en su rol tradicional, reservado al desarrollo de estándares internacionales, por cuanto implica incidir en la esfera tradicional de competencia reservada constitucionalmente a los Parlamentos nacionales, a partir del principio *no taxation without representation*, que se configura como una garantía expresa del Estado de Derecho. Y aunque sea cierto que en relación a dichas normas, por ejemplo, en lo que respecta al desarrollo de medidas unilaterales que apliquen el Pilar II, no se trata de acuerdos imperativos o de normas de estándar mínimo, no es menos cierto que la decisión de optar por su incorporación al ordenamiento de un determinado país implica el compromiso de articular dichas medidas en consonancia y de forma coordinada con los criterios interpretativos formulados desde dicha organización internacional, limitando de este modo la capacidad de acción –y de debate– a los Parlamentos nacionales, convertidos en meros refrendarios de las decisiones tomadas a nivel internacional en sede de dichas organizaciones internacionales.

236.   Desde esta perspectiva, el análisis de la legitimidad de las decisiones tomadas por las organizaciones tributarias internacionales debería observar si su acción e incidencia respetan los principios constitucionales del derecho tributario de cada uno de los países participantes en la toma de dichas decisiones. En especial, resulta relevante el respeto por las exigencias del Estado de Derecho –*rule of law*–, como la representación, la responsabilidad y la equidad.

237.   El ejercicio debería llevarse a cabo por cada Estado participante en la toma de decisiones internacionales conforme a sus exigencias constitucionales e internas, en atención al grado de incidencia y afectación de los nuevos paradigmas en la configuración del sistema tributario interno de dicho país. Es evidente que la legitimidad del proceso desde la perspectiva nacional puede diferir entre Estados, pero desde la perspectiva constitucional de cada uno de ellos resulta imprescindible tomar en consideración dichos resultados para asegurar la virtualidad de la propuesta, cuando la misma va a proyectarse de forma necesaria o quasi-necesaria en la incorporación de determinadas figuras tributarias internas o la modificación de las mismas.

238.   De la misma manera que la incorporación de trasplantes legislativos procedentes de otras culturas jurídicas advierte de la necesidad de conocer y tomar en consideración las peculiaridades jurídicas del ordenamiento al que se incorpora el trasplante, la misma precaución debería formularse en relación con la formulación de los nuevos paradigmas tributarios internacionales que trascienden a la mera producción de normas internacionales y se adentran el desarrollo de medidas tributarias unilaterales coordinadas. Teniendo en cuenta, además, la singularidad cualitativa que en el proceso que estamos examinando no es la decisión unilateral de un Estado y sus órganos los que asumen la recomendación e incorporación del trasplante, sino que el

trasplante se formula a nivel internacional para su posterior adopción y asunción a nivel interno por los Estados que asumen o deben asumir el resultado.

239.   Dicho análisis de la legitimidad de los procesos de toma de decisiones en materia tributaria por parte de las organizaciones internacionales debería verificar entre otros aspectos los siguientes, así como su interrelación:

a)   El mandato otorgado a los representantes y delegados de dichos Estados para la participación y toma de posición en el proceso decisorio de las organizaciones internacionales, su existencia y alcance. Resulta imprescindible dicha verificación, para comprobar si las propuestas y resultados que ofrece la negociación en sede internacional se ajusta a dicho mandato; o si, por el contrario, las implicaciones de las normas, recomendaciones y otros instrumentos de *soft law* van más allá del mandato ofrecido por los Estados y sus Parlamentos.

b)   La rendición de cuentas de los representantes y delegados ante los órganos internos encargados de velar por el respeto de las exigencias legales y constitucionales.

c)   El control posterior de la adecuación de dicho mandato a los resultados del proceso decisorio llevado a cabo en el seno de las organizaciones internacionales, a efectos de verificar su correspondencia.

d)   Las implicaciones, restricciones y condicionantes que el acuerdo internacional impone a las competencias legislativas de los Parlamentos nacionales y a su capacidad de debate y enmienda.

e)   La capacidad de control del contenido de las recomendaciones, exigencias y limitaciones formuladas por los organismos internacionales.

240.   La verificación de estos elementos pone de manifiesto que en muchos países, dicha verificación de la función de los parlamentos nacionales ha sido escasa, cuando no apenas inexistente[96]. La retroalimentación entre los órganos legislativos internos y los organismos internacionales permitiría mejorar la legitimidad de resultado.

---

[96]   Eucotax-Wintercourse. *Decision-making processes of international initiatives on tax and their impact on legitimacy at national level (OECD, UN, soft law, public consultations, tax treaty policy reports, etc). Final Report. 2023* (en prensa).

CAPÍTULO 11

PARADIGMAS FISCALES INTERNACIONALES Y EQUIDAD FISCAL

241. La doctrina científica se ha ocupado también del análisis del resultado de los nuevos paradigmas desde el punto de vista de la equidad, tanto desde la perspectiva de la equidad entre contribuyentes como entre naciones.

242. Desde la perspectiva de la equidad entre contribuyentes, las propuestas del pilar I y del pilar II pueden dar lugar a un sistema fiscal internacional trifásico y diverso:

(a) un subsistema aplicable a las grandes multinacionales, sujetas tanto al pilar I como al pilar II;

(b) otro aplicable a las multinacionales con un volumen de negocios superior a 750 millones de euros;

(c) y el tercero, el sistema clásico actualizado tras BEPS 1.0, aplicable al resto de contribuyentes.

243. Por lo tanto, las implicaciones de la nueva interpretación del principio de plena competencia, de los nuevos umbrales ampliados de establecimiento permanente o de la actualización de los convenios para evitar la doble imposición –con las cláusulas PPT o LOB como norma mínima–, pueden ser diferentes para los distintos grupos de contribuyentes, creando así un terreno de juego diferente, generando distintos riesgos y oportunidades para los distintos contribuyentes y poniendo en peligro la perspectiva de equidad entre contribuyentes.

244. Desde el punto de vista internacional, habrá que ver si el resultado del impuesto (sobre la renta societaria) mínimo efectivo consagrado en la propuesta GloBE cumplirá el requisito de que los impuestos se asignen allí donde se desarrollan las actividades y se crea valor o, por el contrario, si el principio de «usar o perder» puede crear un resultado no deseado de asignación de impuestos a una jurisdicción diferente y, en principio, incompetente. Además, está por ver cómo conciliar los principios subyacentes de asignación de la creación de valor y el principio del impuesto único (tributar donde sea, pero tributar al menos una vez), así como exigir el gravamen complementario a un contribuyente distinto del que manifiesta la capacidad económica sometida a gravamen.

245. En este sentido, la ampliación de los objetivos que se asumen por las normas fiscales internacionales arrincona la lucha contra la erosión de la base imponible

y el traslado de beneficios en favor de una lucha más amplia contra la competencia fiscal, dificultando así las legítimas expectativas de algunos Estados tras el consenso alcanzado en el marco del plan de acción número 5 de BEPS –prácticas fiscales nocivas–. Este nuevo enfoque sitúa a algunos Estados en desventaja competitiva comparativa para atraer inversiones extranjeras, al verse privados de los instrumentos de política fiscal que tradicionalmente utilizaban (incentivos fiscales, regímenes fiscales privilegiados…).

246.   La cuestión debe ser objeto de una profunda reflexión, ya que puede decantarse a favor de mecanismos alternativos de ayudas públicas para atraer la inversión extranjera, situando a los Estados en posiciones diferentes en cuanto a la disponibilidad de tales medios. Y, al mismo tiempo, genera importantes inquietudes sobre los mecanismos internacionales que deberían ponerse en marcha para controlar no sólo los incentivos fiscales sino las ayudas de Estado y otras políticas económicas públicas, en sentido amplio, considerando el modelo de la UE o reforzando los mecanismos de control de la OMC. Dicho de otro modo, si existe la necesidad de controlar los incentivos fiscales y las subvenciones desde una posición internacional, una necesidad similar debería solicitar las mismas preocupaciones de legitimidad con respecto a cualquier tipo similar de subvenciones y ayudas públicas[97].

---

[97]   HERZFELD, M., «Pilar 2, State aid and industrial policy», 112 *Tax Notes International* 329 (2023).

Bibliografía

ALAMÁ PERALES, R. (2023): «Decision-making processes of international initiatives on tax and their impact on legitimacy at national level (OECD, UN, soft law, public consultations, tax treaty policy reports, etc). Spain». Eucotax-Wintercourse. Uppsala (inédito).

AVI-YONAH, R. S. (2020): «The International Tax Regime and the Sustainable Development Goals», *Tax Notes International*, 99(9), págs. 1189-1196.

BAKER, P. (2020): «Some Thoughts on Jurisdiction and Nexus», en *Current tax treaty issues*. 50th Anniversary of the International tax Group. IBFD, págs. 441-466.

BLANCHARD, K. (2023): «UPTR: An undemocratic vehicle to force GLOBE compliance». 109 *Tax Notes International* 6, March 2023, pág. 1219.

BRAUNER, Y. (2020): «BEPS at 5: The New Tax Orthodoxy», *Bulletin for International Taxation*, 74(2), págs. 81-89.

BROSENS, L. y BOSSUYT, J. (2020): *Legitimacy in International Tax Law-Making: Can the OECD Remain the Guardian of Open Tax Norms?*, 12 World Tax Journal 313 (2020).

BUNN, D. y ENACHE, C.: *Tax Foundation Response to OECD Consultation on Amount A of Pillar One. Tax Foundation.* Center for Global Tax Policy.

BUNN, D. (2018): «A Summary of Criticism of the EU Digital Tax», Tax Foundation (Oct. 22, 2018).

CHRISTENSEN, HEARSON y RANDRIAMANALINA: *At the Table, Off the Menu? Assessing the Participation of Lower-Income Countries in Global Tax Negotiations*, ICTD Working Paper 115.

CHRISTIANS, A. y APELDOORN, L. VAN: «The OECD Inclusive Framework», BIT 3-4/2018, págs. 226-233.

CHRISTIE, R. (2021): «Taxing Tech. Digital services taxes take shape in the shadow of the pandemic», *Finance & Development*. March 2021, págs. 54-57.

COCKFIELD, A. J. (2006): «The rise of the OECD as informal "world tax organization" through national responses to e-commerce tax challenges», *Yale Journal of Law and Technology*. 1/2006 págs. 136-187.

CUBILLOS, HEITMULLER & VALDERRAMA: «Multilateral Cooperation in International Tax Law», en M. Hosli, T. Garrett, S. Niedecken y N. Verbeek. Rowman & Littlefield (ed.): *The Future of Multilateralism: Global Cooperation and International Organizations.*

CUI, W. (2019): «The Digital Services Tax: A Conceptual Defense», 53*Tax Law Rev.* 1/2019, págs. 69-111.

DEVEREUX, M. P. y VELLA, J. (2020): «Assessing BEPS: Origins, Standards, and Responses». *International Tax and Public Finance*, 27(3), págs. 542-569.

DOURADO, A. P., PIRLOT, A. y TRAVERSA, E. (2024): «Legitimacy and Validity of Tax Law in an International Context», *Intertax* 3/2024, págs. 1-3.

DOURADO, A. P. (ed.) (2020): *International and EU Tax Multilateralism: Challenges or Reinforced Unilateralism?* Greit Series.

EATLP (Marino, G. ed.) (2016): *New Exchange of Information versus Tax Solutions of Equivalent Effect*. IBFD.

Essers, P. (2014): «International Tax Justice between Machiavelli and Habermas», 68 *Bulletin for International Taxation* 54 (2014), pág. 54.

Eucotax-Wintercourse (2023): *Decision-making processes of international initiatives on tax and their impact on legitimacy at national level (OECD, UN, soft law, public consultations, tax treaty policy reports, etc.)* (coords.: García Prats, F. A. y Hongler, P.). Final Report. 2023. En imprenta.

De Francisco Garrido, R. (2007): «La cooperación multilateral en el ámbito de la OCDE». *Cuadernos de Formación*. Colaboración 06/07. Volumen 3/2007, págs. 87-100.

Farrell, J. E. (2013): *The interface of international trade law and taxation: defining the role of the WTO*. IBFD.

Frieden, K. y Lindholm, D. (2023): «State Digital Services Taxes: A Bad Idea Under Any Theory», *Tax Notes*. 10 April 2023.

G20/OECD (2022): *Roadmap on Developing Countries and International Taxation. OECD Report for the G20 Finance Ministers and Central Bank Governors*. Octubre. 2022. Indonesia.

G20. *G20 note on Alternative Options for Revenue Mobilization*. Prepared by the staff of the IMF.

García Prats, F. A. (2016): «The legitimacy of AEOI and Measures other than AEOI», en Marino, G., *New Exchange of Information versus Tax Solutions of Equivalent* Effect. EATLP Annual Congress Istanbul. IBFD, págs. 133-162.

García Prats, F. A. (2019): *La transposición en España de la Directiva sobre Intermediarios Tributarios (DAC6)*. Mayo 2019. AEDAF. Paper núm. 14.

García Prats, F. A. (2024): «Desafíos Globales Actuales al Principio de Reserva de Ley en Materia Tributaria», en *Los principios fundamentales del derecho tributario y su evolución en un mundo globalizado*. Congreso ILADT 2024. Chile.

García Prats, F. A. (dir.) (2014): *Intercambio de información, blanqueo de capitales y lucha contra el fraude fiscal*, Instituto de Estudios Fiscales.

García Prats, F. A. (dir.) (2025). *Gobernanza tributaria mundial*. Ed. Aranzadi (en prensa).

Grinberg, I. (2018): «Breaking BEPS: The New International Tax Diplomacy», *European Taxation*, 58(6), págs. 250-260.

Grinberg, I. (2020): «The New Global Minimum Tax Rules: A Preliminary Assessment», *Tax Notes International*, 99(12), págs. 1579-1586.

Gronau, J. y Schmidtke, H. (2016): «The quest for legitimacy in world politics- international institutions' legitimation strategies», 42 *Review of International Studies* 535 (2016).

Haslehner, W. (2023): «The Costs of Pillar 2: Legitimacy, Legality and Lock-in», *Intertax* 10/2023, págs. 634-637.

Hezfeld, M. (2018): «The Origins of GILTI», *Tax Notes International*. 25 Junio 2018, págs. 1446-1470.

Herzfeld, M. (2023): «Pilar 2, State aid and industrial policy», 112 *Tax Notes International* 329.

Hongler, Peter (2019): *Justice in International Tax Law*, IBFD, Ámsterdam.

Keen, M. y Simone, A. (2020): «Leaning against the Wind: Fiscal Policy in the New Global Economy», *Journal of International Taxation*, 31(1), págs. 18-25.

Kingma, Sieb (2020): *Inclusive global tax governance in the Post-BEPS Era Kingma, S.*, IBFD Doctoral Series, Vol. 56, IBFD, Ámsterdam.

KUZNIACKI, Blazej (2023): «Pillar 2 and International Investment Agreements: "QDMTT Payable" Seals and Internationally Wrongful Act», *Tax Notes International*. October 9, pág. 162.

LAMER, E. (2020): «Global Tax Deal amy wait for US Election», *Tax Notes International*. 1 July 2020.

LANG, Michael *et al.* (2016): *Trends and Players in Tax Policy*, IBFD, Ámsterdam.

LOUKOTA, W. (2003): «Tax law amendments in response to EC Code of Conduct», *European Taxation* 7-8/2003, págs. 273-275.

MAISTO, G. (ed.) (2020): *Current tax treaty issues*. 50th Anniversary of the International tax Group. IBFD.

MARTÍN JIMÉNEZ, A. (2003): «Los comentarios al MCOCDE: su incidencia en el sistema de fuentes del derecho tributario y sobre los derechos de los contribuyentes», *Carta Tributaria*, 20/2003, págs. 1-19.

MASON, R. y PARADA, L. (2018): «Digital Battlefront in the "Tax War"», *Tax Notes Int'l*, Dec. 17, 2018, pág. 1183.

MOSQUERA VALDERRAMA, Irma (2015): «Legitimacy and the Making of International Tax Law The Challenges of Multilateralism», *World Tax Journal*, 7(3), págs. 344-366.

MOSQUERA VALDERRAMA, Irma (2018): «Output Legitimacy Deficits and the Inclusive Framework of the OECD/G20 Base Erosion and Profit Shifting Initiative», *Bulletin for International Taxation*, 72(3), IBFD.

MOSQUERA VALDERRAMA, I. (2020): «The study of the BEPS 4 Minimum Standards as a legal transplant: A Methodological Framework», *Intertax*, Vol. 48, Issue 8/9, págs. 719-732.

MOSQUERA VALDRERRAMA, Irma (with I.J.J. Burgers) (2017): «Fairness: A Dire International Standard with no Meaning?», *Intertax*, 45(12), 2017, págs. 767-783.

MOSQUERA VALDERRAMA, Irma (2023): «Global Tax Governance», en F. Haase and G. Kofler (ed.): *Oxford Handbook of International Tax*, Oxford University Press.

NOV, A. (2005): «Tax competition: an analysis of the fundamental arguments», *Tax Notes International*, 4/2005, págs. 323-333.

OECD (1998): *Harmful Tax Competition. An Emerging Global Issue*. Paris. 1998. https://doi.org/10.1787/9789264162945-en.

OECD (2000): *Towards Global Tax Co-Operation. Progress in identifying and Eliminating harmful Tax Practices.*

OECD (2002): *The OECD's Project on Harmful Tax Practices*. Paris. https://doi.org/10.1787/9789264033993-en.

OECD (2015): *Countering Harmful Tax Practices More Effectively, Taking into Account Transparency and Substance, Action 5 – 2015 Final Report*, OECD/G20 Base Erosion and Profit Shifting Project, OECD Publishing, Paris. https://doi.org/10.1787/9789264241190-en.

OCDE (2018): *Directrices de la OCDE aplicables en materia de precios de transferencia a empresas multinacionales y administraciones tributarias, Julio 2017*. Instituto de Estudios Fiscales.

OECD. *Tax Challenges Arising from the Digitalisation of the Economy-Commentary to the Global Anti-Base Erosion Model Rules (Pillar two. First edition).*

OECD (2019), *Harmful Tax Practices – 2018 Progress Report on Preferential Regimes: Inclusive Framework on BEPS: Action 5*, OECD/G20 Base Erosion and Profit Shifting Project, OECD Publishing, Paris. https://doi.org/10.1787/9789264311480-en.

OECD (2021a): *BEPS Action 5 on Harmful Tax Practices_ Transparency Framework. Peer Review Documents.* February 2021.

OECD (2021b): *Statement on a Two-Pillar Solution to Address the Tax Challenges Arising from the Digitalisation of the Economy* (OECD publicado, 1 Julio 2021.

OECD (2021c): *Statement on a Two-Pillar Solution to Address the Tax Challenges Arising from the Digitalisation of the Economy* (OECD publicado, 8 Octubre 2021).

OECD (2021d): *Tax Challenges Arising from Digitalisation of the Economy-Global Anti-Base Erosion Model Rules (pillar two).* (OECD publicado 20 Diciembre 2021).

OECD (2022a): *Tax Challenges Arising from the Digitalisation of the Economy-Commentary to the Global Anti-Base Erosion Model Rules (Pillar two. First edition)* (publicado 14 Marzo 2022).

OECD (2022b): *Tax Challenges Arising from the Digitalisation of the Economy- Global Anti-Base Erosion Model Rules (Pillar II) Examples* (publicado 14 Marzo 2022).

OECD (2022c): *Tax Incentives and the Global Minimum Corporate Tax. Reconsidering Tax Incentives After the GloBE rules.*

OECD (2023a): *Tax Challenges Arising from the Digitalisation of the Economy – Administrative Guidance on the Global AntiBase Erosion Model Rules (Pillar Two).* (publicado 2 Febrero 2023, 17 Julio 2023 y 18 Diciembre 2023).

OECD (2023b): *Globe Information Return* (publicado 17 Julio 2023).

OECD (2023c): *Minimum Tax Implementation Handbook (Pillar Two).* (publicado 11 Octubre 2023).

OECD (2024): *Harmful Tax Practices- Peer Review Results. Inclusive framework on BEPS: Action 5.* Update as of February 2024.

OWENS, J. P. (1998): «Curbing harmful tax competition: recommendations by the Committee on Fiscal Affairs», *Intertax*, 8-9/1998, págs. 230-234.

OWENS, J. P. (2014): «Interacting with international and regional tax organizations», *Tax Notes International*, 12/2014, págs. 1131-1137.

OSTERWEIL, E. (1999): «The OECD and the EU: two approaches to harmful tax competition», *The EC Tax Journal*, 3/1999, págs. 152-161.

OZAI, I. (2022): «Institutional and Structural Legitimacy Deficits in the International Tax Regime», 12 *World Tax Journal* 53 (2022).

PARADA, L. (2018): *Double Non-taxation and the Use of Hybrid Entities.* Series on International Taxation. Wolters Kluwer.

PARADA, L. (2019): «Hybrid Entity Mismatches: Exploring Three Alternatives for Coordination», *Intertax*, 1/2019. https://ssrn.com/abstract=3384567.

PINTO, C.: «(Harmful) tax competition within the European Union: concept and overview of certain tax regimes in selected member States», *en Tax Competition within the European Union. European Parliament.* Directorate General for Research. Tax Competition in the European Union. Working Paper.

POGGE, T. (2020): «Tax Competition and Global Justice», *Bulletin for International Taxation*, 74(4A), págs. 45-53.

RASMUS C., CHRISTENSEN et al. (2020): *At the Table, Off the Menu? Assessing the Participation of Lower-Income Coutnries in Glogal Tax Negotiations* (ICTD 2020).

RING, D. M. (2017). «The Influence of International Tax Agreements on the Design of Developing Country Tax Incentives», *Boston College Law Review*, 58(4), págs. 1387-1421.

ROSEMBUJ, T. (1999): «Harmful tax competition», *Intertax*, 10/1999, págs. 316-334.

SAWYER, A. J. (2009): *Developing a World Tax Organization: the way forward*. Fiscal Publications.

SHARMA, S. (2019). «Global Tax Governance in a Post-BEPS World», *Indiana Journal of Global Legal Studies*, 26(1), págs. 297-322.

SPENCER, D. E. (2006): «The UN- a forum for global tax issues?», *Journal of International Taxation*, 1-2/2006, págs. 42-54.

TANZI, V. (1198): «The impact of economic globalization on taxation». BIFD 8-9/1998, págs. 338-343.

TANZI, V. (2000): «Is there a need for a World Tax Organization?», Lecture. CIAT.

TEO, N. J. (2023): *The United Nations in Global Tax Coordination*. Cambridge Tax Law Series.

VANISTENDAEL, F. (2000): «Fiscal support measures and harmful tax competition», *EC Tax Review*, 3/2000, págs. 152-161.

VANN, R. (2020): «International Tax Policy and International Tax Institutions: Never the Twain?», en *Current tax treaty issues. 50th Anniversary of the International tax Group*, IBFD, págs. 41-76.

WOUTERS, J. y VAN KERCKHOVEN, S. (2011): «OECD and the G20. An Ever Closer Relationship», *George Washington International Law Review*. 43 (2/2011), págs. 345-374.

ZAGLER, M. (2010): *International Tax Coordination. An interdisciplinary Perspective on Virtues and Pitfalls*. Routledge. Londres.

ZUCMAN, G. (2024): «A blueprint for a coordinated minimum effective taxation standard for ultra-high-net-worth individuals». Commissioned by the Brazilian G20 presidency. June 25, 2024.